HELLO KITTY

ハローキティと

秘書検定 2・3級

テキスト&問題集

Mitsuko Fujii
藤井充子

はじめに

～オフィスマナーを身につけ、スキルアップをめざす～

秘書検定は、「秘書」をめざす方に限らず、あらゆる職種の社会人や学生の方々が受験されている資格試験です。その理由として、社会人・組織人として必要な良識やマナー、そして文書作成やファイリングをはじめとする技能が身につくということが挙げられます。つまり、自分の判断や行動に対して自信がもてるようになるということです。

学生の方は、職場ではどのように目上の人に気を遣い、ふるまえばよいのかというシミュレーションができます。敬語の使い方や公の場での立ち居ふるまいなどに自信がつき、就職試験での態度にも違いが出てきます。

社会人の方は、職場で身につけてきた仕事の仕方の基本的な考え方を学ぶことにより、さらに幅広い対応力が身につくことでしょう。今までの自分の仕事の進め方にこだわらず、柔軟な思考で学習することをお勧めします。

本テキストはバッグにも入るコンパクトなサイズにすることで、いつでもどこでも秘書検定の勉強ができるように工夫しました。内容も受験対策に的を絞り、解説の中にも過去問題で出題されたポイントをふんだんに盛り込んでいます。重要な語句は赤シートで隠せるので、何回でも確認できるようになっています。

秘書検定の受験対策で大切なことは、問題を解くことです。解説をしっかり読んで理解したら、必ず問題を解きましょう。このテキストに掲載されている「ケーススタディ」「対応問題」「模擬試験問題」を最低３回は解くようにしてください。問題を解き、解答の解説を理解することで、さらに実力アップが図れます。

秘書検定を受験される皆様が、このテキストをフルに活用し、合格されることを心から願っております。

藤井充子

もくじ ✿ ハローキティと秘書検定2・3級テキスト＆問題集

合格をめざして

秘書検定とは

秘書検定には入門の３級からはじまり２級、準１級、１級まであります。年間約18万人の人が受験し、なかでも２級は年間10万人前後の人が受験するという人気の検定試験です。大学生、短大生、高校生、専門学校生が受験者の大半を占め、性別ではほとんどが女性です。

合格率をみると、２級は40％後半～50％台、３級は50％後半～60％台となっています。

試験科目と形式

秘書検定の出題分野は各級とも共通です。形式は下表のとおり、理論編と実技編に分かれていて、２級と３級は同じく理論編が選択式、実技編が選択式と記述式で出題されます。準１級になると、理論編でも記述式で出題されます。

区分	分野・傾向		出題形式・出題数
理論	1　必要とされる資質	社会人としての常識が問われる	選択問題　５問
	2　職務知識	業務内容、考え方が問われる	選択問題　５問
	3　一般知識	一般常識・用語などが問われる	選択問題　３問
実技	4　マナー・接遇	知識をふまえた行動が問われる	選択問題　10問 記述問題　２問
	5　技能	実務上の知識が問われる	選択問題　８問 記述問題　２問

合格基準

合格するためには、理論編、実技編それぞれの区分で60％以上正解しなければなりません。どちらかの区分で正解率が60％に満たない場合、もう一方の区分の正解率がどんなに高くても不合格になるという、オールラウンドの知識が要求される検定試験です。

秘書検定2・3級　受験ガイド

秘書検定試験　基本データ

受験資格　制限はありません。誰でも受験できます。

試験日　毎年6月、11月、2月に行われます。

受験料　3,700円（2級）　2,500円（3級）　6,200円（2・3級併願）

受験地　全国各地の主要都市

申し込みから合格発表まで

❶ 受験申し込み

申し込み期間　試験日の約2か月前から受付開始、1か月前に締め切り。

［書店または郵送での申し込み］

願書の入手方法

・願書つきの秘書検定案内が、全国の特約書店・大学生協にあります。

・電話・はがき・インターネットで（財）実務技能検定協会へ願書を請求します。

財団法人 実務技能検定協会　秘書検定部
〒169-0075　東京都新宿区高田馬場1-4-15
TEL：03-3200-6675　http://jitsumu-kentei.jp/

申し込み

・書店での申し込み　「個人申込用受験願書」に受験料を添えて特約書店・大学生協で申し込みます。その後、受付印が押された願書を検定協会へ郵送します（郵送しないと受験料を支払っても受験できません）。

・郵送での申し込み　願書と受験料を現金書留で検定協会へ郵送します。

［インターネットでの申し込み］

申し込み

・（財）実務技能検定協会の秘書検定申し込みの画面で、必要な情報を入力します。申し込みを確認した後、指定されたコンビニエンスストアで受験料を支払います。

❷ 受験票の交付

申し込み手続き後、試験実施日の約1週間前までに受験票が届きます。

❸ 検定試験

試験時間　120分（2級）　110分（3級）

試験方法　選択問題（マークシート方式）と記述問題

❹ 合否の通知

試験日から約1か月後に受験者に合否通知が発送されます。合格者には「合格証」が同封され、希望者には「合格証明書」（要手数料）が発行されます。

※試験の最新情報は、（財）実務技能検定協会のホームページで随時更新されています。特に試験日程と申し込み期間、受験料は変更されることがありますので、必ずチェックしてください。

本書を使った学習法

本書は、テキストと対応問題、模擬試験問題に分かれています。

❶テキストを読んで暗記しましょう

特に第2章「一般知識」、第3章「マナー・接遇」、第4章「技能」は暗記が必要です。社会人としての常識、マナーを身につけましょう。

- 頻出度が3段階の★マークで示されていますので参考にしましょう（★★★が最頻出）。
- 重要な用語などは、赤シートで隠して暗記しましょう。
- ケーススタディには実践的な知識が盛り込まれていますから、飛ばさずに必ず解いてみましょう。

❷対応問題を何度も解きましょう

とにかく、何度も問題を解くことが合格への早道です。特に、第1章「必要とされる資質」、第5章「職務知識」は暗記だけではなく、秘書としての心得、行動の仕方が問われます。少なくとも3回は解きましょう。

❸模擬試験問題に挑戦しましょう

これまで学習してきたことが身についているかどうか、確認します。実際の試験時間を意識しながら解くことも大切です。間違えなくなるまで、繰り返し挑戦しましょう。

試験日までの学習プランを立てて、がんばりましょう!!

第1章

必要とされる資質

✿試験の形式

選択式問題　　5問出題　➡　目標正答数4問

✿この章で学ぶこと

- 社会人としての自覚やマナー、上司の適切な補佐の仕方など、「秘書検定」の考え方の基本を学びます。
- 秘書として望まれる人柄や身だしなみ、必要とされる判断力や処理能力に加え、上司と周りの人をつなぐパイプ役としての秘書の役割を理解する領域です。

✿対策

- 上司のための補佐が「気配り」ではなく、「出しゃばり」になっていないか考えましょう。上司の仕事への口出しは禁物です。
- 上司の意向がわからない場合や自分で判断できないことは、上司に確認します。
- 機密事項をわきまえ、話してよいか悪いかを見極めましょう。

1 秘書に必要な心がけ

出題傾向 3級では、基本的な身だしなみや人柄の問題がよく出題される。2級では補佐の仕方や機密事項の取り扱い方をチェック!!

1 社会人としての良識

◆まずは自己管理から ★★★

組織で働く限り、周りの人に迷惑をかけないことは基本中の基本です。遅刻や急な欠勤などがないように、日ごろから健康管理も含めた自己管理が必要です。

また、秘書のイメージは上司や会社のイメージに影響します。身だしなみをはじめ、言葉遣いや立ち居ふるまいにも気を配りましょう。

point 基本はあいさつから

● **あいさつは不可欠**

出勤時は、「おはようございます」。退社時は、「失礼いたします」。上司が外出から戻ったら、「お疲れさまでした」（「ご苦労さま」は目下に使う）。

● **やむを得ず遅刻や急な欠勤をする場合**

必ず上司に連絡する（新人の場合は、指導担当の先輩にすることもある）。

● **秘書にふさわしい身だしなみを心がける**

身だしなみは清潔感があり、職場に調和し、機能的に動けることが原則。秘書は仕事柄、あらゆる年代の人と接するので、誰から見ても感じのよい服装を心がけること。大ぶりのアクセサリーや濃いマニキュアなどは避ける。日常業務にはお茶を出すことも多いので長い髪はまとめる。

● **上司より早く退社する場合**

就業時間を過ぎても上司が退社しないときは、上司に手伝うことはないかを確認し、了承を得て退社すること。

ケーススタディ

Q1 秘書A子は定時に退社後、友人とコンサートに行く約束がある。もう退社しないと間に合わないが、上司は終業時刻を過ぎても席にいる。上司のこのあとの予定はないはずだが、A子はどうすればよいか。

A1 上司にコンサートのことを話して、先に帰る了承を得る。

なぜ？ 上司が退社するまで補佐するのが秘書としては望ましいですが、終業時刻を過ぎているので、上司に理由を話し、了承を得てから先に帰るようにします。

◆向上心をもって職務に励む ★★☆

まずは自分の仕事について理解し、次に部署、会社、業界全体についての知識も深める努力をしましょう。また、上司に指示されたら、新しい仕事にも**積極的**に取り組み、パソコンなどのオフィス機器操作の習熟や仕事に役立つ資格の取得など、スキルアップ（技能の向上）に努めましょう。

ケーススタディ

Q2 秘書A子は上司から未経験の仕事を指示された。不安はあるが、どのように上司に答えればよいか。

A2 「初めてなので、経験のある先輩に教えてもらいながら仕事を進めていきたいと思いますが、よろしいでしょうか」。

なぜ？ 初めての仕事で不安はあっても、上司の指示です。経験のある先輩に教わりながら、仕事をこなしていこうとする積極的な姿勢を示すことが大切です。

経験のある先輩に教えてもらいながら仕事を進めていきたいと思います！

2 補佐の仕方

◆秘書は上司の手足となる ★★★

上司の個人的な交際や健康管理も含めた身の回りの世話や上司の雑務を処理することが秘書の仕事です。秘書の適切な補佐により、上司は本来の仕事に専念できるのです。

point 適切な補佐

●上司の私事も補佐する

上司の私事（銀行振り込み、友人への贈答など）も公務と同じように補佐するが、私事だからといって後回しにはしない。公務と同様、緊急性・重要度・上司の意向などに従い優先順位を決める。

●秘書の職務範囲をわきまえる

上司の仕事に口出しをしたり、指図するような言動は慎む。職務範囲の中で、先を見通した補佐をする。秘書は上司の指示がない限り、上司の代行はできない。気配りと出しゃばりを間違えないように。

●上司の意向に沿った補佐をする

上司の意向を理解していないと適切な補佐はできない。上司に理解してもらうのではなく、秘書が上司に合わせること。

●上司の仕事の進め方の癖を知る

上司の性格（せっかち、のんびり、きちょうめんなど）も影響するので、新しい上司に就いた場合は前任の秘書に聞いておく。

●資料などは常に整理整頓

秘書が不在のときでも、上司の業務に支障が出たり、不便のないようにしておく。

◆秘書のミス・上司のミス ★★☆

秘書にも上司にもミスはあります。ミスには、速やかな対処が必要ですが、次のことに気をつけましょう。

point ミスへの対処

①秘書のミス

●上司にミスを指摘されたとき

まず詫びる。言い訳などはせず、今後はこのようなことがないように気をつけると、反省の気持ちを述べる。次に、二度と同じミスをしないように対策を立てる。

●仕事を頼んだ後輩のミスで上司に注意を受けたとき

まずは、自分のミスと同じように上司に詫びる。そのあとで後輩と一緒に、ミスの原因や今後の対策を考える。自分の指示によるミスの場合は、後輩にはきちんと謝る。

②上司のミス

●上司を責めるような言い方はしない

「わたくしの聞き違いかと存じますが」や「不明な点があるのですが」など、確認するという態度をとる。

●上司のミスは秘書のミス

迷惑をかけた人には誠実に詫びる。

●上司の作成文書のミス

固有名詞の明らかな誤字は、上司に確認しなくても秘書が訂正すればよい。判断がつかない誤字・脱字や表現の仕方に関しては、上司に確認する。

ケーススタディ

Q3 秘書A子は、上司から渡されたリスト通りに取引先に資料を送付したが、漏れがあったと上司に注意を受けた。A子はどうすればよいか。

A3 上司に詫びて、すぐに漏れていた取引先に資料を送る。また、リストにその取引先を加えておく。

なぜ？ 上司から渡された取引先リストに漏れがあったのでA子に責任はありませんが、そのことで上司を責めるようなことがあってはなりません。大切なことは、①漏れていた取引先へ早急に資料を送ること、②リストにその取引先を加えておくことです。事の次第は、後日機会があれば上司に伝えればよいのです。

3 秘書にふさわしい人柄

◆信頼される秘書になる ★★★

上司を補佐する秘書は、上司に信頼されなければいけません。また、社内外の多くの人とも信頼関係を築く必要があります。

point 秘書の人柄

●求められる人柄

- 誰に対しても明るく公平で、誠実である。
- どんな状況でも臨機応変に対処し、冷静で客観的である。
- 寛大で、謙虚。さりげなく人のために動ける。
- 素直で協調性があり、柔軟な思考ができる。
- 仕事に責任感があり、口が堅い。
- ユーモアがあり、ウイット（機知）に富んでいる。
- 秘書であることに優越感をもたず、向上心がある。

●不適切な人柄

- 相手によって態度を変え、感情が表に出る。
- 主観的で、押しつけがましく、出しゃばりである。
- 人の意見に耳をかさず強情だったり、仕事は何でも自分の納得がいくまでする。
- どのような場合も自分がリーダーでないと気がすまない。
- 秘書である自分の存在が、上司に影響力があるかのようにふるまう。

ケーススタディ

Q4 上司から、取引先の新事務所の開設祝いを選ぶように指示された秘書A子は、花瓶を選んだ。後日取引先からA子に、「センスのよい花瓶を選んでくれてありがとう」と、お礼の電話があった。A子は何と答えればよいか。

A4 「上司がお祝いの品を贈りたいということでしたので、選ばせていただきました」と言う。

なぜ？ 花瓶を選んだのはA子ですが、上司の指示で、上司名で贈っています。このような場合は、謙虚な態度で答えることが大切です。秘書はあくまで上司のアシスタントであることを忘れずに、上司を立てる言い方をします。

プラスα

秘書は取引先から、「お世話になっているから」と、食事やゴルフに誘われることもありますが、これはあくまで仕事に対するお礼です。基本的には好意を受け、誘われたことを上司に報告し、了承を得ます。食事やゴルフに行ったあとは上司に報告し、必ず自分で相手にお礼を言います。

また、「上司に内緒で」とプレゼントを受け取った場合も、必ず上司に報告します。ただし、現金や高価な品物は辞退するのが原則です。

御中元や御歳暮を受け取ったら礼状を書き、上司に報告します。

◆機密事項を厳守 ★★★

会社にはさまざまな機密事項があります。業務上、秘書はそのような機密事項に触れる機会が多くありますが、決して機密を漏らすようなことがあってはなりません。

point 機密事項とは

●**機密事項**

新聞などに発表されるまでの会社の人事情報、株に関する情報、新製品、新企画、会社合併、新会社設立などが、機密事項にあたる。

また、上司の個人情報（自宅の住所・電話番号・メールアドレス）や持病・入院など健康上のことも漏らしてはならない事項である。ただし、自宅の住所や電話番号は上司の許可があれば教えてもよい。

出張先、面談の相手などは関係者以外には話さないことが基本。

●**機密の種類**

機密の種類は、社外秘（社外には秘密）・部外秘（部外には秘密）・トップシークレット（最高機密）がある。

point 機密事項の取り扱い方

- **機密事項を聞かれたとき**
  他部署の上役やお世話になった前上司などに聞かれても「申し訳ございませんが、わたくしは知る立場にはおりませんので、わかりかねます」と答える。
- **家族にも機密事項は話さない**
  家族はもちろん、口が堅い同僚にも決して話さず、電車の中での会話には、特に要注意。
- **機密書類は保管から廃棄まで**
  保管から廃棄まで、機密書類の取り扱いには最大限の注意を払う(p.142)。

プラスα

機密事項を聞かれて、「知っているが教えられない」「直接上司に聞いてほしい」「わたしから聞いたと言わないなら教える」「誰から聞いたのか」「あいまいに答える」などの答え方は不適切です。

機密を守るために人との付き合いを狭めることなく、話してよいこと、話してよい相手を適切に判断して、対応しましょう。

◆余計なことは話さない ★★☆

上司にとってプライベートなことは、社内でも知られたくないものです。上司が私用で外出していることは、取引先にはもちろん、上司の上役にも「外出中」「席を外している」とだけ伝えれば十分です。

ケーススタディ

Q5 秘書A子は、上司（部長）の外出中に取引先から「世話になったのでお礼の品を贈りたい。部長の自宅住所を教えてほしい」と電話を受けた。A子はどう答えればよいか。

A5 「のちほど連絡いたします」と言って、上司の了承を得てから知らせる。

なぜ？ 取引先から「世話になったお礼」ということなので、上司の了承を得てから教えます。販売会社などから「上司自宅にカタログを送りたい」と言われた場合は、会社あてに送ってもらうようにします。また、上司の家族の「結婚」「就職」などが決まったことを上司から知らされていたら、問い合わせには事実だけを伝えるようにします。

秘書に必要な心がけ 対応問題

※p.10～16で取りあげていない事柄も出題しています。解きながら覚えましょう。

1 3級問題

秘書A子の上司は今朝、珍しくいつもより20分遅れて出社した。上司は何も言わないが、A子はどのように対応すればよいか。次の中から適当と思われるものを一つ選べ。

① 「おはようございます」と言い、遅れたことについては何も言わない。
② 「おはようございます」と言って、何かあったのかと聞く。
③ 電車が遅れたのかとA子から話しかけ、会話のきっかけをつくる。
④ 上司は理由があって黙っているのだろうから、何も声をかけない。
⑤ 「おはようございます」と言い、遅れるときは連絡してほしいと頼む。

2 3級問題

次は秘書A子が、上司への気遣いが足りなかったと反省したことである。中から不適当と思われるものを一つ選べ。

① 夕食をごちそうになったとき、勝手に自分の好きな料理を注文した。
② 取引先との重要な会議から戻ったとき、すぐに何件も報告を続けた。
③ 上司とエレベーターに乗ったとき、急いでいるので自分が先に降りた。
④ 終業時間が過ぎても上司が外出から戻らなかったとき、メモも残さず先に退社した。
⑤ 上司が風邪をひいたと言ったとき、無理をせず会社を休んだほうがよいと言わなかった。

解答解説

1 ① 遅れた時間は20分程度で上司も何も言わないのであれば、大したことではないということ。上司の体調が悪いようでなければ、あいさつをして普段通りに対応すればよい。

間違えた人は見直そう！ p.10のpoint

2 ⑤ 秘書が上司に会社を休んだほうがよいなどと言うべきではない。秘書としては、スケジュールを調整しなくてよいかと尋ねることが気遣いである。

間違えた人は見直そう！ p.12のpoint

3 **2級問題**

秘書A子は新しく就いた上司から、「もっとわたしに合わせた仕事の仕方をするように」と注意された。次はA子が考えた対処である。中から適当と思われるものを一つ選べ。

① 合わせる努力はしていると上司に話し、理解してもらう。
② 上司に、「わたしに合わせた仕事の仕方」を詳細に教えてほしいと頼む。
③ 上司の性格や仕事の仕方を前任の秘書に尋ね、アドバイスを受ける。
④ 申し訳ないと詫び、新任なのでもうしばらく大目に見てほしいと言う。
⑤ 自分では上司に合わせているつもりなので、上司がそのことをわかってくれるまで待つ。

4 **2級問題**

秘書A子の上司（部長）は常務との話し合いから戻ると、「常務とは話が合わず、結論が出ない」と不機嫌そうに独り言を言った。A子はどのように対応すればよいか。次の中から適当と思われるものを一つ選べ。

① 「常務とのお話し合いで何かあったのでしょうか」と尋ねる。
② A子が答えられる内容ではないので、何も言わずに黙っている。
③ 「無理に合わせなくてもよろしいのではないでしょうか」と言う。
④ 「いつも何かと大変でございますね」と当たり障りのない対応をする。
⑤ 「考え方が違うのですから、仕方がないことでございますね」と言う。

解答解説

3 ③ A子が合わせているつもりでも、新しい上司はもっと合わせるようにと言う。となると前任の秘書にアドバイスを受けることが賢明な対処。②は詳細に教えてもらうと上司を煩わせることになる。①④⑤は秘書が努力をしていない。

間違えた人は見直そう！ p.12のpoint

4 ④ 独り言だが、上司もA子に気持ちを理解してほしいのであろう。このような場合は、上司を気遣いながらも当たり障りのない対応が適当。

間違えた人は見直そう！ p.14のpoint

5 2級問題

秘書A子に取引先N氏から電話があり、日ごろ世話になっているお礼にと休日のゴルフに招待された。このような場合、A子はどうすればよいか。次の中から適当と思われるものを一つ選べ。

① 自分への礼ということなので、そのまま受けてあとで上司に報告する。
② 自分に対する普段の礼ということなので、誰にも内緒で招待を受ける。
③ 仕事でしていることなので、礼は必要ないと言って招待を断る。
④ 仕事でしていることなので、先に上司の許可を得てもらいたいと言う。
⑤ のちほど返事をさせてもらうと言って、上司の了承を得てから招待を受ける。

6 2級問題

秘書A子の上司（部長）は外出中だが、外出先は課長とA子しか知らない。そこへ他部署のN部長が来て、「部長は○○へ行ったのか」と尋ねた。A子は何と答えればよいか。次の中から適当と思われるものを一つ選べ。

① 「わたしからは答えられないので、課長に聞いてほしい」と言う。
② 「実は本当のことだが、ほかの人には言わないでほしい」と言う。
③ 「誰に聞いたのか」と尋ね、外出先が当たっていれば「本当だ」と言う。
④ 「部長は外出中だが、詳細は聞いていないのでわからない」と言う。
⑤ 「課長とわたししか知らないはずなのに、なぜ知っているのか」と言う。

解答解説

5 ⑤ N氏の招待はあくまで秘書としての仕事に対する礼。休日のゴルフで仕事に支障はないが、上司の了承を得てから返事をするのがよい。

間違えた人は見直そう！ p.15のプラスα

6 ④ 上司が外出しているのは事実。しかし、行き先は秘密である。となると、外出していることは認めても、外出先は詳しく知らないと言うしかない。
①②③⑤は、機密事項を聞かれた場合、言ってはいけない返答である。

間違えた人は見直そう！ p.15のpoint、p.16のpoint・プラスα

2 秘書に必要な能力

出題傾向 2・3級ともに、いろいろなパターンで出題される。
上司にとってよい結果を得ることが正解のキーポイント!!

1 適切な判断力

◆判断力を身につける ★★★

秘書には状況に応じて、臨機応変に対応できる判断力が不可欠です。上司の立場や人間関係を考慮し、上司の気持ちに沿った適切な判断が求められます。

point 判断の仕方

- **優先順位を考える**
仕事には優先順位があり、緊急性・重要度・上司の意向で判断する。同じように急ぎ、かつ重要という場合は、すぐにすむ仕事かどうかが決め手。自分で判断できない場合は上司に確認する。仕事は指示された順に処理するのではない。
- **機転を利かせる**
上司の立場が悪くなるような言動は慎む。秘書の言動が原因で、上司が困ることにならないように配慮する。

ケーススタディ

Q1 A子はT部長とM部長の２人の上司の秘書である。T部長からの指示で急ぎの資料作成をしていると、M部長から、「明後日F社を訪問したいので、F社に都合を聞くように」と指示された。さて、A子はどうすればよいか。

A1 F社への連絡は短時間ですむので、資料作成を一時中断して先にF社に電話する。

なぜ？ この場合、どちらも急ぐ必要はありますが、F社への連絡は短時間ですみます。また、訪問のアポイントメント（予約）は早くしないととれなくなるという理由で優先します。この程度の優先順位は自分で判断できるので、上司への確認は不要です。

◆「取り次がないように」と言う上司の指示への対処 ★★★

「取り次ぐ」とは上司に来客や電話があることを伝えることです。来客に会うか、電話に出るかは上司が判断します。

また、上司は「来客や電話は取り次がないように」と言うことがありますが、例外もあることを念頭においておきましょう。

point「取り次ぐ」例外

- **取引先の転任や着任のあいさつ客**

儀礼的で短時間ですむため取り次ぐ。上司が不在時は上司の代理（上司のすぐ下の役職者）に取り次ぐ。秘書が名刺を預かることもあるが、上司の代理として、勝手にあいさつを受けることはできない。

- **上司の恩師や友人の訪問**

遠方からの訪問かどうかも配慮して取り次ぐ。

- **社長など、上司の上役からの呼び出し**

すぐに取り次ぐ。内線電話ならば用件は確認しない。上司が重要な会議や面談中は上役にその旨を伝え、再度上役の意向を確認してもよい。面談中や会議中の上司には、必ずメモで取り次ぐ。

- **紹介状*のある来客**

紹介者に失礼にならないように取り次ぐが、不意の客には上司の在否を告げずに取り次ぎ、上司の指示を得る。

＊紹介状：人を紹介するための書状（p.83、p.123参照）。

- **部下の緊急の用件や家族からの急ぎの電話**

部下の用事はすぐにすむことでも、緊急でなければ取り次がない。しかし、上司の家族でも社員でも交通事故や緊急入院、災害時などの連絡は取り次ぐ。

- **相手への答え方**

「取り次がないように」と言われていることを、そのまま取引先に伝えては失礼である。「仕事が立て込んでいる」「席を外している」「会議中」などと言う。

2 優れた処理能力

◆処理能力を高める ★★★

秘書の仕事は次々と発生します。手際よく処理できないと自分も大変ですが、何より上司の仕事に支障が出ます。

point 処理のコツ

- **自分の仕事は自分でこなす**
取引先・上司・先輩・同僚に押し付けない。
- **仕事の愚痴は言わない**
愚痴は自分の評価を下げることになるので、改善案を提案するようにする。
- **期限を守る**
仕事は期限厳守が基本。上司が「急がない」と言っても、必ず大まかな期限は確認する。期限に間に合わない場合は早めに上司に伝え、手伝いが必要ならその旨を提案して了承を得る。上司の了承前に、手伝いを頼む相手に了解を得ておくと仕事がスムーズに運ぶ。
- **複数の仕事が発生しても、すべて処理する**
「こちらをすればあちらができない」といった上司への対応は不適切。複数の仕事が同時に発生しても、すべて処理しようとする姿勢が基本となる。
- **上役の仕事の指示は受ける**
上司の上役などに仕事を頼まれたらとりあえず引き受けて上司に報告し、了承を得て行う。ただし、「隣の部署に書類を届ける」など、簡単な仕事の場合は上司の了承は必要ない。
- **他部署の秘書に手伝いを頼まれた場合**
手があいていたら、上司の了承（不在なら代理人の了承）を得て手伝う。簡単な仕事なら上司の了承は不要だが、自分の仕事に支障が出ないことが条件。
- **要領よく行動する**
例えば、他部署に必要な資料を借りにいくような場合は、二度手間にならないように、事前に電話で資料の有無を確認するなど、時間の無駄を省く。

ケーススタディ

Q2 秘書A子に取引先のK氏から電話があり、F部長への面談の申し込みを受けた。F部長はA子の前の上司で、現在の秘書はB子である。事情を知らないK氏にA子はどう対応すればよいか。

A2 K氏に、現在のF部長秘書B子から連絡させると言い、B子に事情を伝えて処理してもらう。

なぜ？ 異動したA子がF部長の補佐をする必要はありません。しかし、K氏（取引先）から現在のF部長秘書B子に連絡してもらうことは、K氏に仕事を押しつけることになり、秘書の仕事としては筋違いです。A子からB子に連絡して、B子が対応することが適切な措置です。

3 意向をくみとる理解力

◆上司の気持ちを理解する ★★☆

上司の性格や人間関係などを正しく理解し、上司が求める適切な補佐ができるように努力しましょう。

point 理解のためのチェック項目

- **上司の最優先課題**
  最近どのような仕事を優先しているかを把握する。
- **上司の仕事以外の関心事**
  ただし、私的なことは必要以上に知ろうとはせず、立ち入らないようにわきまえること。
- **上司を取り巻く人間関係**
  職場以外の幅広い関係も知っておく。
- **上司の言動や表情に注意**
  上司が何を望んでいるのかを間違いなく理解するためには、上司の言動や表情にも気をつける。

◆「よろしく頼む」を理解する ★★★

上司は「あとはよろしく頼む」と言って外出したり、時差出勤したり、会社を休んだりすることがあります。これは「あとのスケジュールをよろしく頼む」ということ。会議や面会などの急な変更を余儀なくされることもあります。

point スケジュール変更

- **変更を繰り返さない**

  同じ相手に変更が度重なれば、上司だけではなく会社が信用を失うことになる。

- **スケジュール変更の手順**

  面会予約のある客には、来訪を待たずにこちらから連絡する。こちらの都合での変更のため、まずは丁寧に詫び、理由は「急用のため」とする。たとえ「私用のため」でも、本当の理由を伝えることは不適切。社内外ともに、上司の「私用」は伝えないことが基本である。

- **次の面会の決め方**

  まず、相手の都合を優先する。相手の希望日を2、3聞いて上司に伝え、上司の判断で決まった面会日を相手に知らせる。

ケーススタディ

Q3 秘書A子が出社すると、上司（部長）から「急な私用で今日は休む。あとはよろしく頼む」と電話があった。そのあと、取引先の人が転勤のあいさつに訪れたが、どのように対応すればよいか。

A3 「上司は不在」と言って、課長に取り次ぐ。

なぜ？ 予約なしの来客や取引先からの電話には、「不在」とだけ言います。「出社していない」などは相手に不信感を与えます。この場合は転勤のあいさつなので、上司の代わりに課長が受けます。課長も不在ならA子が名刺を預かることは許されますが、上司に代わって勝手にあいさつを受けることはできません。

4 高度な人間関係処理能力でパイプ役に

◆秘書は職場の潤滑油 ★★☆

秘書は社内外で良好な人間関係を築くことが大切です。良好な人間関係は上司の仕事がスムーズに運ぶだけではなく、たとえトラブルがあっても円満解決に導きます。

point 人間関係円滑のコツ

- **社長・会長の命令は絶対**
  上司の上役である社長・会長の指示・要求は最優先にする。
- **上司の同僚には仕事上、公平に対応**
  仲の善しあしで対応を変えない。
- **上司の部下は秘書の部下ではない**
  秘書であることに優越感をもたないように、態度や言葉遣いには十分に気をつける。
- **周囲の人に上司を理解してもらう**
  機会があれば、上司の考えや行動を「さりげなく」伝える。
- **取引先の誰に対しても誠実で公平に**
  取引の多少によって対応を変えない。

ケーススタディ

Q4 秘書A子の上司はこまめにメールを見ていないようで、連絡業務に支障が出ていると部下からA子に苦情があった。A子はその部下にどのように言うのがよいか。

A4 急ぎのメールを送ったときは、そのことを上司に伝えるので、自分にも知らせてもらうように言う。

なぜ？ 上司はこまめにメールをチェックすることが煩わしいと考えられます。急ぎのメールは、秘書が取り次げば仕事への支障もなくなるので、知らせてもらうようにします。

秘書に必要な能力 対応問題

※p.20～25で取りあげていない事柄も出題しています。解きながら覚えましょう。

1 **3級問題**

常務秘書A子は上司から、「誰も取り次がないように」と言われている。次はそのときにやむを得ず取り次いだ人である。中から不適当と思われるものを一つ選べ。

① 不意に訪ねてきた上司の恩師。
② 上司への紹介状を持ってきた訪問客。
③ 転任のあいさつに来た取引先の支店長。
④ 上司の印をもらいたいと言ってきた部長。
⑤ 「聞きたいことがある」と、内線電話をかけてきた社長。

2 **3級問題**

新人秘書A子は、上司から指示された仕事が期限に間に合いそうもないので次のことを考えた。中から不適当と思われるものを一つ選べ。

① 上司の許可を得て、残業をして間に合わせよう。
② 朝は早く出勤し、昼休みは早く切り上げて間に合わせよう。
③ 先輩に、どうすればよいか教えてもらって間に合わせよう。
④ 上司の了承を得て、同僚に手伝ってもらって間に合わせよう。
⑤ 勤務時間内にできなかった仕事は、家に持ち帰って間に合わせよう。

解答解説

1 ④ 部長は上司の部下。上司の印をもらう場合、急いでいなければ出直してもらうようにする。

間違えた人は見直そう！ p.21のpoint

2 ⑤ 会社の仕事は勤務時間内に会社で行うことが基本。期限に間に合わないようでも、自宅に持ち帰ってはならない。機密保持の面からも不適当。

間違えた人は見直そう！ p.22のpoint

3 2級問題

秘書A子の上司（部長）は、今日は終日社外の研修会に出席している。そこへ常務から新事業の企画書を見たいと電話があった。A子にはその件はわからない。現在、9時30分。上司への携帯電話に連絡は可能である。A子はどのように常務に対応すればよいか。次の中から適当と思われるものを一つ選べ。

① 今すぐ部長に電話をかけて確認するので待ってほしいと言う。
② 研修会終了後に電話が入るので、その時確認するがよいかと言う。
③ 昼食後なら連絡がとりやすいので、1時前に電話するがどうかと言う。
④ 研修会の午前中の休憩時間を調べて電話するので、それまで待ってもらえるかと言う。
⑤ 研修会は終日あるので、急ぎでなければ明日連絡をするように部長に伝えるがどうかと言う。

4 2級問題

部長秘書A子が急がない資料の整理をしていると、「至急書類をS社に届けてほしい」と常務に言われた。S社は歩いて5分。常務秘書は外出中だという。A子はどう対応すればよいか。次の中から適当と思われるものを一つ選べ。

① すぐに行くので、部長には常務から話しておいてもらいたいと言う。
② 承知したと言って書類を預かり、部長に了承を得てから届けに行く。
③ 先に部長に了承してもらうので、少し待ってもらいたいと常務に言う。
④ 秘書が戻ってからではだめなのかと、常務に確認してから引き受ける。
⑤ すぐに届けに行くが、時間はかからないので部長には黙っておく。

解答解説

3 ④ 上司の携帯電話に連絡はできるが、研修中では対応に困ることが予想される。なるべく早い時間で上司に迷惑をかけないとなると、休憩時間が適当。

間違えた人は見直そう！ p.20のpoint

4 ② 状況からA子はすぐに引き受けるのがよいが、上司の了承が必要。

間違えた人は見直そう！ p.22のpoint、p.25のpoint

キティの「これで得点アップ↑↑」①

「必要とされる資質」では、職場の一員としての心構えがよく出題されます。**秘書としては、会社や上司のイメージを左右する身だしなみにも要注意**。第1章でも大ぶりのアクセサリーは避けるべきと解説しましたが、なぜだと思いますか？　もちろん、見た目もありますが、実はもっと機能的な理由もあります。それは大きなイヤリングなどが電話の受話器にあたると、ガチャンという音が相手に伝わるからです。「そこまで考えなくても……」と思われるかもしれません。でも、そこまで考えるのが「秘書検定」です。靴のヒールもないほうが活動的に動けるように思いますが、それでは秘書としてはカジュアルすぎます。ヒールも、「低すぎず高すぎず」がビジネス的です。**自分本意ではない他者本位の目線で考えてみてください**。

また、「必要とされる資質」では問題を解く上で秘書の気配りが重要な鍵となります。上司の意向を尊重し、取引先など相手の立場に立って、**上司と会社にとってよい結果がもたらされる対応を考えましょう**。3級では基本的な良識問題が多く、ちょっとした気配りで正解が見つかります。例えば勤務中に仕事で外出するときは、周りの人に「外出するが、何か用はないか」と一声かける、そんな気配りです。

なお、選択式問題では、「適当」「不適当」の選択肢を1つに絞ることが難しく、迷うことも多くあります。本書で勉強する際は問題を何度も読んで、正解につながる「キーワード」を探し、**5つの選択肢の中で最も「適当」なもの、あるいは最も「不適当」なものを選びましょう**。そして、正解がわかったら、ほかの4つの選択肢にも注目してください。「不適当」以外の「適当」である選択肢が、ほかの問題を解くときの大きなヒントになるからです。キティの「これで得点アップ」を含め、テキストの内容はすべて合格への手がかりとなるはずです。

第2章
一般知識

✿試験の形式

選択式問題　　3問出題　➡　目標正答数2問

✿この章で学ぶこと

- 経済用語・時事用語・略語など、新聞やニュースなどで取り扱われることが多い用語や、カタカナ用語・コンピューター関連用語など、生活の中でよく耳にする用語を学ぶ領域です。
- 税金に関する知識、株式会社のしくみや人事についても理解しましょう。

✿対策

- テキストでは、出題頻度の高い用語を掲載しています。記述問題は出題されないので、用語と正しい意味が結びつくようにしておきましょう。
- カタカナ用語の出題率は高いです。最新ニュースで話題になっている用語の意味がわかるようにしておくと安心です。

1 一般的な基礎知識

出題傾向 2・3級ともにカタカナ用語は「一般知識」の中で最も出題率が高い。用語と意味の正しい組み合わせがわかればOK。

1 覚えておくべきカタカナ用語 ★★★

日常生活でよく使われているカタカナ語ですが、意味を説明することは意外と難しいものです。正しい意味をしっかり理解しておきましょう。

【ア】	
アウトソーシング	業務の外部委託。社外調達
アセスメント	評価。見積り
アドバタイジング	広告。広告業
アビリティー	能力。才能
イノベーション	革新。技術革新
インストラクション	指導。命令
インセンティブ	目標への意欲を高める刺激。報奨金
インパクト	衝撃。強い印象や影響
インフラストラクチャー	産業や社会の基盤となる施設。道路・鉄道・空港・学校・病院・公園・ガス・水道・電気など。インフラともいう
エキスパート	専門家。熟練者
エグゼクティブ	企業の経営幹部
エコロジー	環境保護。エコともいう
エージェント	代理人。代理店。仲介業者
オーガニゼーション	組織。団体

オーソリティ	権威。ある専門分野での大家、権威者
オピニオン	意見。世論
【カ】	
ガイドライン	基本方針。指針
キーマン	事件や団体の中心に立つ重要な人物
キャパシティー	容量。能力。キャパともいう
ギャランティー	出演料。契約金。ギャラともいう
クオリティー	品質。性質
コストパフォーマンス	費用対効果。投入費用と得られる効果の割合
コネクション	関係。連絡。縁故関係。コネともいう
コミッション	委員会。委託手数料。賄賂《わいろ》
コンサルタント	あることの相談を受け、アドバイスや指導を行う専門家
コンシューマー	消費者
コンセプト	概念。考え
コンセンサス	合意。意見の一致
コンプライアンス	法令順守
コンペティション	競技会。試合。コンペともいう
【サ】【タ】	
サゼスチョン	それとなく気づかせること。示唆《しさ》
シミュレーション	実際に近い状況をつくって模擬すること
スキル	熟練した技術・技能
スケールメリット	規模が大きいことによる利点
タイアップ	協力、提携して事を行うこと

デッドライン	最終期限
デモンストレーション	威力を示す運動。宣伝紹介のための実演。デモ
トップダウン	上層部が決定し、下部へ指示する管理方式
【ナ】【ハ】	
ノベルティー	宣伝のため、社名や商品名を記して顧客に配付する品物
バリュー	価値。値打ち
ビジョン	未来像。見通し。視覚
フレキシブル	柔軟なこと。融通《ゆうずう》がきくこと
プロモーション	促進。奨励
ヘッドハンティング	他社から優秀な人材を引き抜くこと
ペンディング	保留。未決
ベースアップ	平均賃金を引き上げること。ベアともいう
ポテンシャリティー	潜在能力
【マ】	
マスコミュニケーション	テレビ、ラジオ、新聞などの媒体を通じて、一度に多くの人に大量の情報を伝達すること。マスコミ
マニュアル	手引き。取扱い説明書
メソッド	方法。方式
メンテナンス	管理。維持。メンテともいう
【ラ】【ワ】	
ライフライン	生活に不可欠な、電気・水道・ガスなどの供給システム
ラジカル	急進的、過激なこと。根本的、徹底的なこと

リコール	欠陥商品などを回収して無料で修理すること
リサーチ	調査。研究
リスクマネジメント	危機管理。危険を最小限に抑える管理法
リベート	割戻し。手数料。賄賂《わいろ》
レート	率。割合。相場
ロイヤリティー	特許権、著作権の使用料
ワークシェアリング	仕事の分かち合い。1人当たりの労働時間を短縮して、多くの人が働けるようにすること

2 情報関連用語 ★★☆

インターネットの関連用語は「技能」領域でも出題されます。

IT	インターネット・テクノロジーの略。情報技術
コンピューターウイルス	コンピューターシステムに侵入して障害を引き起こすプログラムのこと。ウイルスが侵入することを感染と呼ぶ
ソフトウエア	コンピューターシステムを利用するための技術の総称
データベース	情報をすぐに検索できるようにしたデータ管理ファイル
ハードウエア	コンピューター本体や周辺機器の装置
LAN	限定された区域内で使える情報通信ネットワーク

3 覚えておくべき略語 ★★☆

略語の意味をしっかり把握しておきましょう。

APEC	アジア太平洋経済協力会議。エーペック
CEO	最高経営責任者。COOは最高執行責任者

CI	コーポレート・アイデンティティ
GNP	国民総生産
GPS	全地球測位システム
ID	身分証明
IMF	国際通貨基金
JAS	日本農林規格。ジャス
JETRO	日本貿易振興会。ジェトロ
JIS	日本工業規格。ジス
M&A	企業の合併・買収
NGO	非政府組織
NPO	民間非営利組織
ODA	政府開発援助
OPEC	石油輸出国機構。オペック
PKO	国連平和維持活動
WHO	世界保健機関
WTO	世界貿易機関
文科省	文部科学省
農水省	農林水産省
国交省	国土交通省
経産省	経済産業省
厚労省	厚生労働省
安保理	国際連合安全保障理事会
公取委	公正取引委員会

独禁法	独占禁止法
労基法	労働基準法
労災保険	労働者災害補償保険
東証	東京証券取引所
外為《がいため》	外国《がいこく》為替《かわせ》
内需	国内での需要。国外需要は外需

4 物を数えるときの単位 ★☆☆

身の回りにある品物などから数え方を覚えていきましょう。

机	脚、台、卓
いす	脚
来客用茶わんセット	客、組
祝電・封書	通、本
資料、パンフレット	部
書類	通
口座・保険・寄付	口
議案・事件	件
エレベーター	基、台
観葉植物	鉢
はがき	未使用なら枚、郵便物としては通
新聞	種類をいうときは紙、部数をいうときは部
電話	機械は台、かけたり受けたりするときは本

一般的な基礎知識 対応問題

※p.30～35で取りあげていない事柄も出題しています。解きながら覚えましょう。

1 **3級問題**

次は用語とその意味の組み合わせである。中から不適当と思われるものを一つ選べ。

① エキスパート＝専門家
② アドバイザー＝助言者
③ オブザーバー＝監督者
④ コンシューマー＝消費者
⑤ コーディネーター＝調整役

2 **3級問題**

次は略語とその意味の組み合わせである。中から不適当と思われるものを一つ選べ。

① GNP＝国民総生産
② VIP＝重要人物
③ JAS＝日本工業規格
④ NPO＝民間非営利組織
⑤ ATM＝現金自動預入払出機

3 **3級問題**

次は日本の行政機関の略称と、その省略されていない語の組み合わせである。中から不適当と思われるものを一つ選べ。

① 農水省＝農林水産省
② 文科省＝文化科学省
③ 経産省＝経済産業省
④ 厚労省＝厚生労働省
⑤ 国交省＝国土交通省

解答解説

1 ③ 「オブザーバー」は会議などで、発言はできるが議決権のない出席者のこと。傍聴人。

2 ③ 「JAS」は日本農林規格。日本工業規格は「JIS」。

3 ② 「文科省」は、文部科学省のこと。

4 2級問題

次は用語とその意味の組み合わせである。中から不適当と思われるものを一つ選べ。

① コミッション＝取引などの際の手数料
② プリペイド＝代金後払い
③ アカウント＝勘定
④ デメリット＝不利益
⑤ ギャランティー＝出演料

5 2級問題

次は用語とその意味の組み合わせである。中から不適当と思われるものを一つ選べ。

① モチベーション＝物事を行う意欲
② ノベライゼーション＝小説化
③ シミュレーション＝模擬実験
④ イノベーション＝技術革新
⑤ ローテーション＝位置

6 2級問題

次の「　」内の説明は、下のどの用語の説明か。中から適当と思うものを一つ選べ。

「一人当たりの労働時間を短縮して、多くの人が働けるように仕事を分かち合うこと」

① ワークショップ
② オーバーワーク
③ ハローワーク
④ ワークシェアリング
⑤ デスクワーク

解答解説

4 ② 「プリペイド」は、代金前払いのこと。

5 ⑤ 「ローテーション」は、回転や循環のこと。位置はポジション。

6 ④ 「ワークショップ」は参加者が自主的に活動する研修会や講習会。「オーバーワーク」は過重労働。「ハローワーク」は公共職業安定所の通称。「デスクワーク」は事務など、机に向かってする仕事。

2 企業組織の基礎知識

出題傾向 2・3級ともに株式会社の基本的な知識が問われる。役職の順位はほかの領域でも必要なので、正しく覚えよう！

1 企業の基礎知識

◆組織と経営に関する用語 ★★★

出資者（株主）が組織し、出資者は出資額のみの責任を負う会社を株式会社といいます。

株主	株式会社の出資者。株式会社が発行した株式を所有している
株主総会	株式会社の意思決定をする最高機関。株主が経営を委任する取締役の選任・解任、定款の改定・廃止なども行う
上場《じょうじょう》会社	証券取引所で株式が売買取引されている会社
株価	株式が売買されるときの値段
取締役《とりしまりやく》	株主から会社の経営を任された役員。株主総会で選任される。重役ともいう
取締役会	取締役全員で構成される。業務執行の意思決定機関。
代表取締役	会社を代表する権限をもつ取締役。取締役会で選任される。複数いる場合もある
監査役	株式会社の会計監査や業務監査を行う。株主総会で選任される。企業の会計や業務が適正に行われているか検証し報告する
相談役・顧問《こもん》	会社の運営上の問題について助言する人
嘱託《しょくたく》	正社員ではないが、依頼されて会社の仕事をする人
定款《ていかん》	会社などの組織や業務に関する基本的な規則。商号（社名）、目的、株式について示され、会社の憲法といわれる

社《しゃ》是《ぜ》	会社の経営上の方針。経営理念
稟《りん》議《ぎ》制《せい》度《ど》	下から提案し、上が決裁する制度
ライン部門	製造部・営業部・販売部など、会社経営上の直接的な仕事をしている部門
スタッフ部門	製造・販売などに直接かかわらず、ライン部門を補佐する間接部門。総務部・経理部・人事部・企画開発部など
事業部制	組織を製品別・地域別・市場別に分けて、独立会社に近い権限を与えて運営させる制度
プロジェクトチーム	あるテーマの研究・調査などを行うために、各部署から専門的な知識をもった人を集めたチーム
タスクフォース	問題が起こったとき、臨時にその問題の専門家を各部署から集めて対処するチーム。問題が解決したら解散する
経済三団体	日本経済団体連合会（経団連）、経済同友会、日本商工会議所（日商）
PDSサイクル	経営管理の基本。P（Plan＝計画）、D（Do＝実行）、S（See＝検討）とつながり、検討した結果を次の計画に生かしてサイクルを回す
トップマネジメント	最高管理職。社長・専務・常務など取締役以上のこと
ミドルマネジメント	中間管理職。部長・課長・支店長・工場長など。トップマネジメントが決めた方針・計画に基づき、ロアマネジメントを指導しながら担当業務をこなす
ロアマネジメント	現場管理職。係長・主任など。ミドルマネジメントの指示で営業や生産などの現場管理を行う
リストラクチャリング	企業の再構築。企業の買収。合併、不採算部門の整理、人員削減など。リストラともいう

◆人事と労務に関する用語 ★★★

社内の役職の順位や人事異動に関する用語を正しく理解しましょう。

■職名と順位

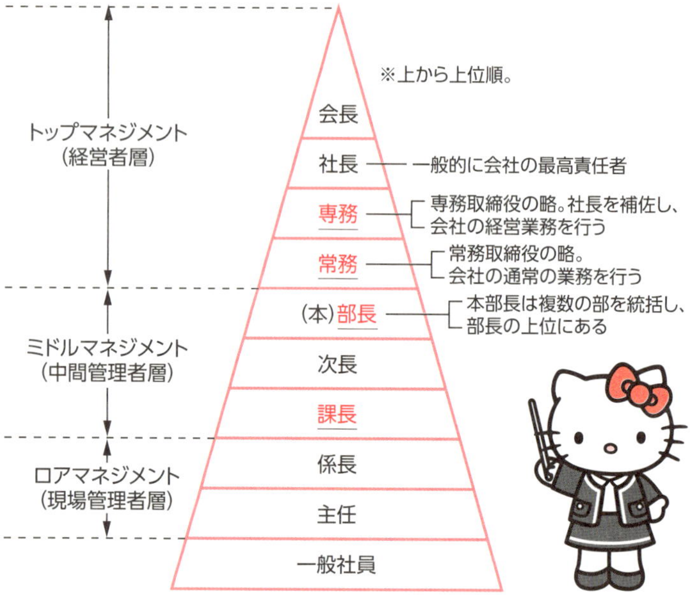

■人《じん》事《じ》異《い》動《どう》・労務用語

人事異動	地位や職務内容、勤務地が変わること
転勤	同じ会社の中で、勤務地が変わること
栄転	職務や職場が今までよりも、高い地位に移ること
昇進《しょうしん》	地位が上がること。(例) 課長から部長へ昇進
昇格	役職以外の資格や等級が上がること
出向《しゅっこう》	籍は元の会社に置いたまま、子会社や関連会社に異動すること。出向と違い、籍も移すことを移籍という

左遷《させん》	懲罰《ちょうばつ》的な人事異動。役職を下げて遠方や重要でない部署に異動させること。非公式用語
訓告	いましめ告げること。口頭注意より重く、戒告より軽い
解雇《かいこ》	従業員との雇用契約をやめること。懲戒《ちょうかい》解雇とは、制裁として行う解雇で、通常退職金は出ない
レイオフ	不況時の一時的解雇（現在では単なる解雇のこともさす）
自己申告制度	従業員自身に、業務上の意見や希望を上司に提出させる制度
人事考課《じんじこうか》	業務遂行状況や能力、功績を一定の基準で調べて評価すること。給与や異動に反映する
OJT	On the Job Training。職場で実際に仕事をしながら従業員の訓練を行うこと
OFF JT	Off the Job Training。職場を離れ、研修所などで行う訓練
ジョブローテーション	従業員に各種の職場を体験させ、能力開発を行うこと
モラール・サーベイ	モラールはやる気。従業員の労働意欲の調査
フレックスタイム	出退勤時間を自分で選び、定められた時間数を勤務する制度。その中で各人が共通して勤務する時間がコアタイム
年功序列《ねんこうじょれつ》	従業員の年齢や勤続年数により、地位の上下をつけること
定年制	定められた年齢になると退職する制度
終身雇用《しゅうしんこよう》	従業員を定年までの長期間雇用すること
依願《いがん》退職	本人から願い出る退職
福利厚生《ふくりこうせい》	雇用主が、給与や賞与以外に従業員の健康増進や生活の充実を図ること。健康診断・社員食堂・社宅など
再雇用《こよう》制度	定年者をいったん退職させた後、改めて雇用する制度

企業組織の基礎知識 対応問題

※p.38～41で取りあげていない事柄も出題しています。解きながら覚えましょう。

1 3級問題

次は関係ある用語の組み合わせである。中から不適当と思われるものを一つ選べ。

① 昇進 ― 人事異動　　② 出向 ― 関連会社
③ 左遷 ― 定年　　④ 解雇 ― 失業
⑤ 転勤 ― 単身赴任

2 3級問題

次は会社における一般的な役職を、左から高い順に並べたものである。中から適当と思われるものを一つ選べ。

① 課長・部長・常務・専務　　② 部長・専務・課長・常務
③ 常務・専務・部長・課長　　④ 部長・課長・常務・専務
⑤ 専務・常務・部長・課長

3 3級問題

次の「　」内の説明は、下のどの用語の説明か。中から適当と思われるものを一つ選べ。

「従業員の能力や勤務成績を調べて評価すること」

① 年功序列　　② 人事考課　　③ 終身雇用
④ 自己申告制度　　⑤ 福利厚生

解答解説

1 ③ 「左遷」とは今までよりもよくない地位に変わること。「定年」とは退職する決まりになっている年齢のことなので関係ない。

2 ⑤

3 ② 「年功序列」は従業員の年齢や勤続年数で地位の上下をつけること。「終身雇用」は従業員を定年まで雇用すること。「自己申告制度」は従業員自身に業務上の意見や希望を上司に提出させる制度。「福利厚生」は給与・賞与以外に、従業員の健康増進や生活向上を図ること。

4 2級問題

次は株式会社における「取締役」についての説明である。中から不適当と思われるものを一つ選べ。

① 株主から会社の経営を任されている。
② いわゆる「重役」のこと。
③ 労働組合の承認により選任される。
④ 専務取締役、常務取締役などがある。
⑤ 取締役の中から「代表取締役」が選任される。

5 2級問題

次は用語とその意味の組み合わせである。中から不適当と思われるものを一つ選べ。

① 社是＝会社などの組織や業務についての基本的な規則。
② 稟議制度＝下から提案し、上が決裁する制度。
③ 上場会社＝証券取引所で株式が売買されている会社。
④ 株主＝株式会社が発行した株式を所有している出資者。
⑤ 依願退職＝本人から願い出る退職。

6 2級問題

次は関係ある用語の組み合わせである。中から不適当と思われるものを一つ選べ。

① 着任 — 赴任　② 社章 — 社風　③ 昇進 — 栄転
④ 懲戒 — 訓告　⑤ 休暇 — 有給

解答解説

4 ③ 取締役は、「株主総会」で選任される。

5 ① 「社是」は、会社の経営上の方針、経営理念のこと。①の説明は「定款」のこと。

6 ② 「社章」は、その会社のマークやバッジのこと。「社風」とは、その会社の社員に共通する考え方や意識のことなので関係ない。

3 企業活動の基礎知識

出題傾向 2・3級ともに決算関連用語は要チェック！　2級は生活に密着した税の問題や、よく聞くマーケティング用語が出題される。

1 企業会計

◆会計と財務の関連用語 ★★★

決算関連の用語は、意味をしっかり把握しておきましょう。

決算	一定期間内の利益・損失など財政状態や経営成果の総計算
連結決算	親会社と子会社など、グループ企業がまとめて行う決算
粉飾《ふんしょく》決算	会社の財政状態や経営成果を、実際よりよく見せるためのごまかしの決算のこと
決算公告	決算の結果を一般に告知すること
財《ざい》務《む》諸表《しょひょう》	決算の際に作成される書類。主なものは「貸借対照表《たいしゃくたいしょうひょう》」「損《そん》益《えき》計算書」「株主資本等変動計算書」
貸借対照表	一定時点（決算日）の企業の財政状態を表したもの。資産・負債・純資産を一覧表にし、B/S（バランスシート）ともいう
損益計算書	一定期間(決算期間)の経営成績を表したもの。利益と損失が一目でわかる。P/L(プロフィットアンドロスステートメント)ともいう
株主資本等変動計算書	会社の純資産の変動を表す計算書
固定資産	建物・機械・不動産、特許権など、長期間運用される資産
流動資産	現金・商品・有価証券など、1年以内に現金化できる資産
買掛金《かいかけきん》	物を買ったあと、まだ支払っていない代金
売掛金《うりかけきん》	物を売ったあと、支払いを受けていない代金
負《ふ》債《さい》	企業が返済すべき債務

固《こ》定《てい》負《ふ》債《さい》	社債や長期借入金など、支払期限が１年以上先の負債
流動《りゅうどう》負《ふ》債《さい》	短期借入金・買掛金など、支払期限が１年以内の負債
一般管理費	人件費、交通費、通信費、交際費、消耗品費など、企業が日常の業務を行うために必要な費用
棚卸《たなおろし》	決算や整理のために、在庫の商品・製品などの数や種類を調査し、金額に換算すること
資金繰り	事業を続けるための資金をやりくりすること
増資・減資	資本金を増加すること・資本金を減らすこと
元本	利息などを生じる元となる財産
減《げん》価《か》償却《しょうきゃく》	固定資産が消耗により価値の減る分を、決算期に費用として配分する手続き
損益分《そんえきぶん》岐《き》点《てん》	利益の発生の分かれ目となる売上高
融資《ゆうし》	金融機関などが資金を貸し出すこと
社債《しゃさい》	株式会社が資金調達のため発行する債券。国の発行債券は国債
不良債権	回収できる見込みのない債権
メインバンク	複数の取引銀行の中で、最も取引高が大きい銀行
ノンバンク	金を貸す業務を行う金融業。預金を集めることはできない。リース・信販会社など
円高《えんだか》	為替相場で相手の外貨に対する日本の円の価値が高いこと。１ドルが100円より、１ドルが90円のほうが円高

◆手形《てがた》と小《こ》切手《ぎって》 ★☆☆

企業は商取引の支払いに、手形や小切手を使います。手形には振出人が一定の期日に一定の場所で一定の金額を受取人に支払うことを約束した約束手形などがあります。小切手は銀行に当座預金をもつ振出人が、受取人への支払いを銀行に委託した証券で、小切手の受取人は、小切手を支払い銀行に持参するか、自分の取引銀行に依頼して現金化します。

■金融用語

振出人《ふりだしにん》	手形や小切手を発行する人。発行することを、振り出すという
手形の割引	期日前に一定の利息を払って、手形を現金化すること
当座《とうざ》預金	銀行預金の一種。預け入れと引き出しが自由な無利息の預金。手形や小切手を振り出すためには当座預金の口座が必要
裏書《うらがき》	手形や小切手を譲渡《じょうと》（譲ること）する際に、所持人が裏に必要事項を記入して、印鑑を押すこと
不渡り	所持人が手続きをしても、支払人から支払いを受けられない手形や小切手。不渡り手形、不渡り小切手という

手形や小切手は現金の代わりに利用されるもので有価証券《ゆうかしょうけん》といい、債券や商品券も有価証券です。

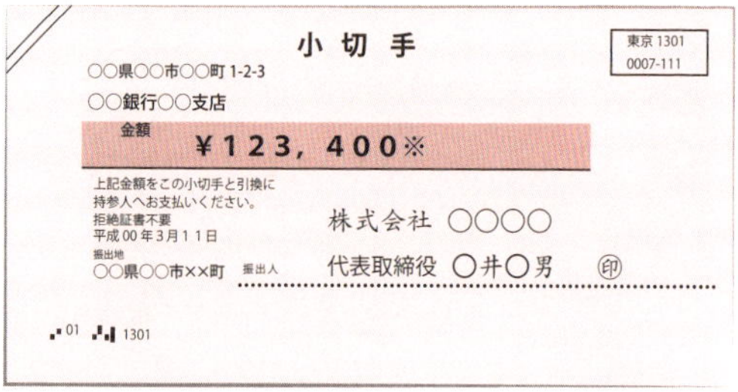
小 切 手
東京 1301
0007-111
○○県○○市○○町 1-2-3
○○銀行○○支店
金額
¥123, 400※
上記金額をこの小切手と引換に
持参人へお支払いください。
拒絶証書不要
平成 00 年 3 月 1 1 日
振出地
○○県○○市××町
振出人
株式会社　○○○○
代表取締役　○井○男　㊞
01　1301

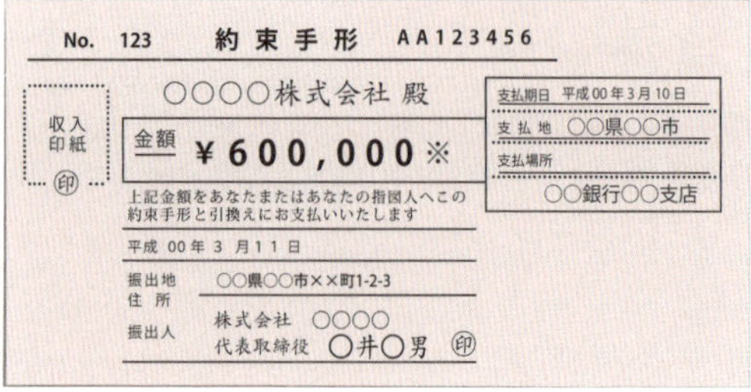
No.　123　約 束 手 形　AA123456
○○○○株式会社 殿
収入
印紙
㊞
金額　¥600,000※
上記金額をあなたまたはあなたの指図人へこの
約束手形と引換えにお支払いいたします
平成 00 年 3 月 1 1 日
振出地
住 所
○○県○○市××町1-2-3
振出人
株式会社　○○○○
代表取締役　○井○男　㊞
支払期日　平成 00 年 3 月 10 日
支 払 地　○○県○○市
支払場所
○○銀行○○支店

◆税金の種類と関連用語 ★★☆

国に納める税金を国税、地方自治体に納める税金を地方税といいます。消費税は国税で間接税です。

■税金の種類

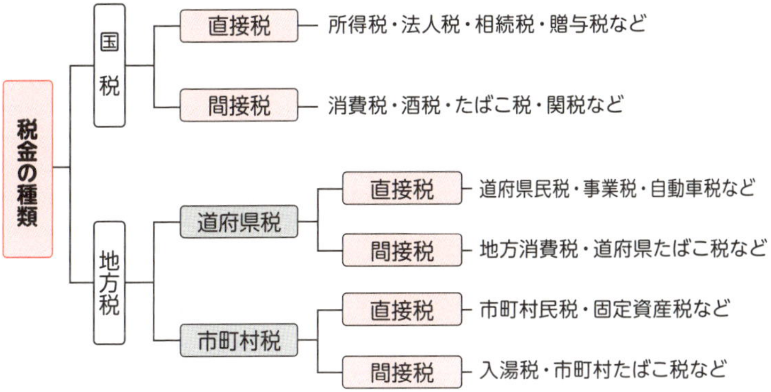

■税務用語

直接税	納税義務者が税金を負担する税
間接税	納税義務者と税金の負担者が一致しない税
企業が支払う税金	法人税・事業税・消費税・固定資産税など
個人が支払う税金	所得税・消費税・固定資産税など
関税	外国から輸入する貨物に対して課せられる国税
住民税	個人と法人に課せられる地方税
事業税	事業を営む法人と個人に課せられる地方税
消費税	物品やサービスの消費に課せられる間接税
法人税《ほうじんぜい》	法人の所得に課せられる国税
印紙税	証書や契約書などの作成に課せられる税金。購入した収入印紙を書類に貼って消印することで納税することになる。金額が税抜きで３万円以上の領収書には収入印紙を貼る
贈与税	贈与に課せられる国税

確定申告	一定期間の所得金額と控除額を計算して申告し、税金を納めること
可《か》処分所得《しょぶんしょとく》	個人が自由に使えるお金。所得から直接税や社会保険料を差し引いたもの
所得控除	所得税の計算で、課税所得金額から法定の金額を差し引くこと。基礎控除・扶養控除・医療費控除などがある
源泉徴収	企業などが給与から所得税を徴収して納税すること
年末調整	給与から源泉徴収されている所得税の過不足分を、年末に精算して調整すること
累進課税	所得額が大きいほど、税金も高くなる課税方式

2 企業の生産活動と市場活動

◆生産管理とマーケティングの用語 ★★☆

マーケティングとは、商品やサービスが生産者から消費者に渡るまでの一連の活動のことです。マーケティングリサーチは市場調査のこと。

アイドマの法則	消費者が商品を購入するまでの心理を表した法則。A（Attention）注意を引き、I（Interest）興味をもたせ、D（Desire）欲望を刺激し、M（Memory）記憶させ、A（Action）購買行動を促す。AIDMAとも表記する
アンテナショップ	消費者の動向や商品の売れ行きなどの情報収集のために、メーカーが設置する直販店
キャッチフレーズ	人の注意を引くように考えられた短い宣伝文句
キャンペーン	大がかりな、広く社会に訴える宣伝活動
QC	製造部門から始まった品質管理。TQMは総合的品質経営
クーリングオフ	訪問販売などで、一定の期間内であれば契約を解除できる制度

クライアント	依頼人。顧客《こきゃく》。得意先
コールドチェーン	生鮮食料品などを、冷凍・冷蔵・低温の状態で生産者から消費者に届ける輸送システム
CAD（キャド）	コンピューターを利用した設計・デザインのシステム
CAM（キャム）	コンピューターを利用した製造システム
セールスプロモーション	販売促進活動。SP
ZD運動	Zero Defects。無欠点運動。生産段階での欠陥をなくすこと
パブリシティ	新製品などをマスコミに記事として取り扱ってもらうこと
PR	広報。宣伝活動。パブリック・リレーションズの略
プレゼンテーション	会議などで企画を提示、発表すること。プレゼン
POSシステム	販売時点情報管理システム
マーケットシェア	市場占有率。ある製品の販売量や生産量が、同じ製品類の市場に対して占める割合
マーチャンダイジング	商品化計画。商品やサービスを需要にこたえて、必要な場所・時期・数量・価格で販売するための活動のこと

3 経営法務

◆印鑑《いんかん》に関する知識 ★★☆

さまざまな印鑑の種類と使用目的を覚えましょう。

押印	印鑑を押すこと。捺印《なついん》も同じ意味
署名・記名	自筆で自分の氏名を書くことが署名。自筆以外は記名
実印	地方自治体に印鑑登録してある印鑑。重要な契約の際に実印を押す。印鑑証明書を提出すると実印であることが証明される

認め印	日常的に使う印鑑。宅配便や書留郵便の受け取りの際などに押す。一般的に印鑑登録はされていない
割印	2枚の書面にまたがるように印鑑を押すこと。お互いに関連性があることを示す。契約書の正本と副本など
契印	契約書などが複数枚になる場合、見開きにした綴じ目に印鑑を押すこと。一体の文書であることを証明する
消印	郵便切手や収入印紙に使用済みの表示として押す印
捨て印	後に訂正がある場合に備えて、欄外に押しておく印
訂正印	契約書などの文書に一部訂正がある場合、訂正したことを証明するために押す印
代表者印	会社代表者などの正式印鑑。地方法務局の登記所などに登録する
封印	重要な書類などが入っている封筒の封じ目に押す印

◆職種に関する知識 ★☆☆

会社を支える専門職名とその働きを覚えましょう。

弁護士	訴訟に関する法律事務や法律活動を行う職業。企業には顧問《こもん》弁護士がいるのが一般的
税理士	税務書類の作成代行や、税に関する相談を受ける職業
公認会計士	財務書類の監査や証明をする職業
行政書士	官公庁に提出する書類の作成や手続きの代行をする職業
司法書士	登記の手続き、裁判所・法務局などに提出する書類の作成や手続きの代行をする職業
弁理士	特許・実用新案・意匠・商標などに関する出願手続きの事務や代行をする職業
公証人	公正証書の作成などの権限をもつ公務員。会社の定款（p.38参照）は、公証人の認証が必要

社会保険労務士	社会保険事務の代行や相談・指導などを行う職業

◆会社活動に関する法律用語 ★★☆

会社運営上、重要な法律用語を確認しておくことが大切です。

労働三法	労働基準法、労働組合法、労働関係調整法
就業《しゅうぎょう》規則《きそく》	労働基準法に基づき、使用者が従業員の規律や労働条件を定めた規則
服務規程	従業員の守るべき規則
意匠	美術・工芸・工業品などのデザイン（形・模様・色）
商標	トレードマーク。自己の商品・サービスであることを示すためのマーク。サービスについての商標はサービスマークという
商号	会社名、企業名、屋号《やごう》などのこと
寡占《かせん》	少数の企業がある製品の市場の多くを占めること
登記《とうき》	不動産など、権利の確定のために登記所の登記簿に記載すること
約款《やっかん》	契約について定められた条項
債権《さいけん》・債務《さいむ》	支払いを請求する権利・支払いをすべき義務
担保《たんぽ》	債務者が債権者に提供して債務を弁償する手段とするもの
抵当《ていとう》	債務が実行されない場合に備えて、債務者が債権者に渡しておく品物や権利。借金のカタ
保証人	債務者が債務を実行できない場合、代わって債務を果たさなければならない人。身元などを保証する人もさす
倒産《とうさん》・破産	会社の経営が不振で支払いができなくなる状態が倒産。倒産段階では再建が可能。再建不可能となると破産する
背任《はいにん》	自己利益のために地位や役職を悪用し会社などに損害を与えること

企業活動の基礎知識 対応問題

※p.44～51で取りあげていない事柄も出題しています。解きながら覚えましょう。

1 3級問題

次はそれぞれ関係ある用語の組み合わせである。中から不適当と思われるものを一つ選べ。

① 連結決算 ― グループ企業　② 負債 ― 借金
③ 固定資産 ― 有価証券　④ 棚卸 ― 在庫
⑤ 融資 ― 金融機関

2 3級問題

次は用語とその意味の組み合わせである。中から不適当と思われるものを一つ選べ。

① ユーザー＝使用者　② ダイレクトメール＝宛名広告
③ クライアント＝依頼者　④ パブリシティ＝販売促進活動
⑤ スポンサー＝広告主

3 3級問題

次の書類の中で、金額が税抜きで3万円以上の場合に収入印紙を貼る必要があるものはどれか。中から適当と思われるものを一つ選べ。

① 請求書　② 領収書　③ 納品書
④ 見積書　⑤ 計算書

解答解説

1 ③ 「固定資産」は、土地や建物など長期運用される資産のこと。「有価証券」は手形・小切手・債権・商品券などで、流動資産である。

2 ④ 「パブリシティ」とは、新製品や技術などをマスコミに記事として取り扱ってもらうこと。「販売促進活動」はセールスプロモーション。

3 ② 金額が3万円以上の領収書には「収入印紙」が貼ってあり、消印が押されている。これは印を押して、収入印紙で税金を納めたということを意味する。

4 2級問題

次の「　」内の説明は、下のどの用語の説明か。中から適当と思われるものを一つ選べ。

「製品やサービスが、生産者から消費者の手に渡るまでの一連の活動」

① キャンペーン　② プレゼンテーション
③ マーケティング　④ ライフサイクル
⑤ マーチャンダイジング

5 2級問題

次の用語の説明の中から、不適当と思われるものを一つ選べ。

① 損益分岐点とは、利益の発生の分かれ目となる売上高のこと。
② 連結決算とは、グループ企業がまとめて行う決算のこと。
③ 登記とは、不動産などの権利確定のために、登記簿に記載すること。
④ 就業規則とは、使用者が従業員の規律や労働条件を定めたもの。
⑤ 債務とは、支払いを請求しなければいけない義務のこと。

6 2級問題

次の税金の中で、間接税はどれか。適当と思われるものを一つ選べ。

① 所得税　② 消費税　③ 法人税
④ 贈与税　⑤ 相続税

解答解説

4 ③ 「キャンペーン」は大がかりな宣伝活動。「プレゼンテーション」は会議などでの、企画の提示や発表。「ライフサイクル」は市場で販売中止になるまでの商品の寿命。「マーチャンダイジング」は商品化計画。

5 ⑤ 「債務」は、支払いをすべき義務のこと。

6 ② 「消費税」は、税を負担する人と納税義務者が一致しないので「間接税」。両者が一致するのは「直接税」で、①③④⑤はこれにあたる。

キティの「これで得点アップ↑↑」②

「一般知識」では、**株式会社に関する問題**がよく出題されます。そのなかで「株主権」について、以前は「株券」というものがありましたが、2009年1月5日以降はペーパーレス化により、「株券」自体は無効となりました。現在、「株主権」の管理は証券会社などの口座において電子的に行われています。

また、**株主が集まる株式会社の最高意思決定機関である「株主総会」**には、「定時株主総会」と、必要に応じて開かれる「臨時株主総会」があります。現在「定時株主総会」は6月下旬に開催する会社が多く、**「株主総会」は新聞やテレビのニュースで毎年取り上げられる話題**ですので、このような基本事項も押さえておきましょう。

人事に関する用語も出題頻度は高いです。第2章で解説している以外にも、いろいろな言葉が職場では使われます。

・内示《ないじ》：公表する前に関係者だけに内々に知らせること。
・着任：任務に就くこと、「任」とは「役目」や「つとめ」のこと。
・赴任《ふにん》：任地へおもむくこと。
・就任：役職に就くこと。
・兼任：複数の役職を兼務すること。
・解任：任期中に、就いている役職を辞めさせること。
・辞任：自分の意志で、就いている役職を辞めること。
・更迭《こうてつ》：役職に就いている人を替えること、または替わること。
・肩たたき：退職を勧めること。
・根回し：あることを実現しやすいように、前もって関係者に話をつけておくこと。

普段から不明な言葉はすぐに調べるようにすると、「一般知識」が増えていきます。

第3章

マナー・接遇

✿試験の形式

選択式問題	10問出題	➡	目標正答数7問
記述式問題	2問出題	➡	すべて書くことを目標にする

✿この章で学ぶこと

- あらゆる年代や立場の人と接する秘書には不可欠な、敬語・接遇用語を身につけます。また、慶事・弔事・贈答など、社会人として知っておくべき「人づきあい」を学ぶ領域です。
- 感じのよい話し方や聞き方など、普段の生活にも役立つ知識が多いです。

✿対策

- 敬語・接遇用語は毎回出題されます。敬語の記述問題では書いて答える練習が必要です。
- 範囲は広いですが、覚えていれば正解できる分野です。
テキストの赤字の重要語句をしっかりチェックしてください。
- 上書き・弔事用語・賀寿などは漢字も正しく覚えましょう。

1 秘書のふるまいと言葉遣い

出題傾向 2・3級ともに、敬語・接遇用語の問題は必ず出題される。記述問題にもしっかり対応できる知識が必要となる。

1 職場での人間関係

◆誰にでも好感を与える ★★☆

職場での人間関係の善しあしは、仕事に大きく影響します。上司・先輩・同僚・後輩・社外の人、誰にでも好感を与えることが大切です。身だしなみに始まり、あいさつ、態度・ふるまいなど相手の立場に立った配慮や気配りは欠かせません。

■人間関係をよくする基本

身だしなみ	●他者の目線で考え、流行はさりげなく取り入れる
あいさつ	●相手を見て、名前を呼んで、自分から声をかける ●あいさつされたら必ずきちんと返事をする
態度・ふるまい	●呼ばれたときの返事は声だけでなく、顔や体も呼んだ相手に向ける。上司が秘書席に来たときはさっと立ちあがり、手は体の前で重ねて前傾姿勢＊で話を聞く ●物の受け渡しは、大きさにかかわらず両手で行う。書類は相手が文面を読める向きにして渡す ●人や物、方向を指示するときは、手のひらを相手に向け、指をそろえて片手全体で示す ●離席するときは、いすは机の下に入れ、ドアは両手で静かに開閉する ●上司の指示による外出時、近くの席の人には、理由と戻る予定の時間を伝えておく ●着席している上司に報告するときは、上司の斜め前に立ち、手は体の前で重ね、前傾姿勢をとる。声がけの「失礼いたします」やお辞儀は立ち止まってから行う

＊前傾姿勢：上体を少し前に傾けた姿勢のこと。相手への気配りを表す。

■お辞儀の種類

お辞儀には、以下の3種類があります。ほかにも深く頭は下げずに目で会釈する目礼があります。

会釈
「失礼いたします」
「おはようございます」

敬礼
「よろしくお願いいたします」
「いらっしゃいませ」

最敬礼
「ありがとうございます」
「申し訳ございません」

❶手は体の前で重ねる。指は伸ばしてそろえる。
❷足はかかとをそろえ、つま先は少し開いて立つ。
❸お辞儀は背筋を伸ばしたまま、腰から曲げる。
❹曲げた状態でいったん止め、下げるスピードよりゆっくり上げる。
❺ことばはお辞儀の前でも、同時でもどちらでもよい。

ケーススタディ

Q1 ある日秘書A子はハンカチを忘れ、化粧室で先輩C子にハンカチを借りて手をふいた。結局その日は借りたままだった。どのようにして返せばよいか。

A1 家で洗濯し、アイロンをかけて返す。

なぜ？ 借りたハンカチは洗濯し、すぐに使えるようにアイロンをかけて返すのがマナー。先輩でもあり、借りたのはハンカチなのでお礼の品は不要です。

◆トラブルを防ぐ ★★★

職場でのトラブルの原因が人間関係であることも少なくありません。個人的な感情に左右されず、仕事はきっちりこなしていくことが大切です。

point トラブルを避けるコツ

● **話題選び**

政治、宗教、思想、不平不満、他人の悪口、うわさ話などは避ける。

● **前任上司との比較**

上司が代わっても前任上司と比較するようなことはせず、新しい上司を早く理解し、合わせる努力が必要。

● **複数の上司につく場合**

上司同士の仲が良くても悪くても、公平な態度で補佐する。一方の上司に聞かれても、ほかの上司の悪口は絶対に言わない。

● **秘書同士の人間関係**

秘書同士は仕事で接する機会も多いことから、相手の立場を理解し、一方的に責任を押しつけたりしない。

● **ミスへの対応**

取引先などにミスを指摘されたらまず詫びる。言い訳や上司の批判は禁物。ミスをカバーする行動をとること。

● **出過ぎた行為**

上司や上司の上役、取引先に指図したり、批判するような言動は控える。

ケーススタディ

Q2 秘書A子は取引先から「企画書にある担当者名に誤りがある」と連絡を受けた。上司は今外出中だが、その企画書はA子が清書し、上司がチェックしたものである。A子はどうすればよいか。

A2 取引先に詫びて間違いの箇所を確認し、すぐに訂正したものを送ると言う。

なぜ？ 訂正したものをすぐに取引先に送ることが大切です。上司が最終チェックしている、そちらで訂正してほしいなどと言ってはいけません。

2 敬語の使い方

敬語は、社会的立場・年齢・親疎《しんそ》（親密であることと疎遠であること）にかかわらず、どのような人とも失礼なく会話をすることができることばです。

◆敬語の使い方　★★★

■尊敬語　相手（側）の行為を高めて敬意を表す。主語は相手（側）

①「れる」「られる」	聞く	聞かれる
	連絡する	連絡される
②「お（ご）～になる」「ご～なさる」	聞く	お聞きになる
	連絡する	ご連絡なさる
③言い方が変わる尊敬語	行く	いらっしゃる
	食べる	召しあがる
	する	なさる

※①＜②＜③と、敬意は高くなる。

■謙譲語　自分（側）の行為を低めて敬意を表す。主語は自分（側）

①「お（ご）～する（いたす）」	聞く	お聞きする
	連絡する	ご連絡する
②言い方が変わる謙譲語	聞く	伺う
	行く	参る
	見る	拝見する
	する	いたす

※①＜②と敬意は高くなる。

■相手に依頼をするときの謙譲語　相手（側）に行為を依頼する

①「お（ご）～いただく（願う）」	連絡を依頼する	ご連絡いただく
	話すことを依頼する	お話しいただく（願う）
②「～していただく」	連絡を依頼する	連絡していただく
	話すことを依頼する	話していただく

ただし、上記の言い方で「ご連絡していただく」「お話ししていただく」とは言いません。

■よく使う言い方が変わる敬語

普通の表現	尊敬語	謙譲語
いる	いらっしゃる	おる
する	なさる	いたす
言う	おっしゃる	申す・申し上げる
見る	ご覧になる・お目通しになる	拝見する
聞く	お聞きになる・お耳に入る	伺う・承る・拝聴する
食べる	召し上がる	いただく
行く	いらっしゃる	伺う・参る
来る	いらっしゃる・お越しになる	参る
訪ねる	いらっしゃる	おじゃまする・伺う
知る	—	存ずる・存じ上げる
会う	—	お目にかかる
借りる	—	拝借する
見せる	—	お目にかける・ご覧に入れる
もらう	—	頂戴する・賜る・いただく
気に入る	お気に召す	—

■「お・ご」をつける

敬意を表す	部長のご意見・先生のお名前
慣用的につける	おはようございます ごちそうさまでした
自分がするが相手に関係していること	お（ご）返事・お電話

※外来語（ビール・ネクタイなど）、つける習慣のないもの（書類・時計など）、公共の建物・施設（学校・病院など）には「お・ご」をつけない。

■丁寧語　丁寧な言い方で敬意を表す

普通の表現	丁寧	さらに丁寧
する	します	いたします
ある	あります	ございます
そうだ	そうです	さようでございます
思う	思います	存じます

■誤りやすい敬語

①謙譲語と尊敬語を混同しない	お客様が × 参られました	お客様が ○ いらっしゃいました
	どうぞお菓子を × いただいてください	どうぞお菓子を ○ 召しあがってください
②二重敬語にしない	部長が書類を × お持ちになられました	部長が書類を ○ お持ちになりました
	社長がそのように × おっしゃられました	社長がそのように ○ おっしゃいました
③社外の人（取引先など）に社内の人のことを話すときは謙譲語を使う	× 山田部長は、ただいま出張していらっしゃいます	○（部長の）山田＊は、ただいま出張しております
④社外の人でも、社内の人の身内であれば尊敬語を使う	×（部長の）山田は、ただいま外出しております（部長の家族に対して）	○ 山田部長（さん）は、ただいま外出していらっしゃいます
⑤社内の役職により、敬意の高さを使い分ける	（課長に言う場合） × 部長が出かけました	○ 部長がお出かけになりました
	（部長に言う場合） × 課長は出かけました	○ 課長は出かけられました

＊役職は敬称になる。この場合は社長でも呼び捨てでかまわない。

プラスα

社内では上司や上役を山田部長、鈴木常務のように役職をつけて呼びます。同僚や後輩、役つきではない人はさんをつけます。君《くん》はタブーです。また、取引先には「部長の田中様」「田中部長様」のように役職をつけて呼びます。

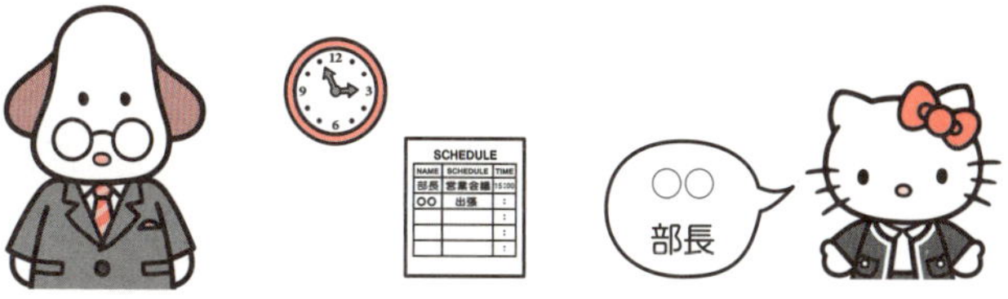

3 接遇用語の使い方

◆満足度を増す接遇用語 ★★★

気配りのある対応と状況にあった言葉遣い・立ち居ふるまいでお客様に満足していただくことが接遇です。この満足度を左右する接遇用語をしっかり身につけましょう。

■来客・取引先への秘書の言葉遣い

普通の表現	接遇用語
いらっしゃい。	いらっしゃいませ。
待っていました。	お待ちいたしておりました。
知っていますか。	ご存じでいらっしゃいますか。
誰ですか。 名前を聞かせてください。	失礼ですが、どちら様でいらっしゃいますか。 恐れ入りますが、お名前をお聞かせ願えません（お教えいただけません）でしょうか。 ※「お名前を頂戴する」は×、名刺は物なので「頂戴する」は○
○○さんですね。	○○様でいらっしゃいますね。
うちの誰を訪ねて来たのですか。	わたくしどもの、どの者（誰）をお訪ねでしょうか（お訪ねでいらっしゃいますか）。
うちの営業部の佐藤ですね。	わたくしどもの営業部の佐藤でございますね。
代わりに鈴木課長が話を聞きますがいいですか。	代わりに課長の鈴木がお話を承り（伺い）ますが、よろしいでしょうか。
山田部長から断るようにと言われています。	（部長の）山田から、お断りするようにと申しつかっております。
伝言は確実に山田部長に伝えます。	ご伝言（おことづけ）は確かに（部長の）山田に申し伝えます。

わかりました、ちょっと待ってくれますか（待ってください）。	かしこまりました。恐れ入りますが、少々お待ちいただけますでしょうか（お待ちくださいませ）。
ここ（こっち）に座ってください。	こちらにおかけくださいませ。
あした、そっちに行きます。	明日《みょうにち》そちら様に伺います。
きのうは雨の中、来てくれてありがとう。	昨日《さくじつ》はお足元の悪い中、お越しいただきありがとうございました。
待たせてすみません。山田部長は今来ます。	お待たせいたしまして、申し訳ございません。（部長の）山田はただいま参ります。
手間をかけますが、連絡をくれますか。	お手数をおかけいたしますが、ご連絡をいただけますでしょうか。
忙しいのにすみませんが、10分くらい待ってくれますか。 すみませんが、また来てくれますか。	お忙しいところ恐縮でございますが、10分ほどお待ちいただけませんでしょうか。 申し訳ございませんが、改めてお越し（おいで・ご足労）願えませんでしょうか。
よければ、伝言を聞きましょうか。	よろしければ（お差し支えなければ）ご伝言を承りましょうか（伺いましょうか）。
うちの間違いで迷惑をかけてすみません。	わたくしどもの不手際で、ご迷惑をおかけいたしまして申し訳ございません。
山田部長は外出しています（席を外しています）がどうしますか。	あいにく（部長の）山田は外出（いた）しております（席を外しております）が、いかがいたしましょうか（なさいますか）。
気を遣ってもらい、ありがとう。	お気遣いいただきまして、ありがとうございます。
失礼しました。気をつけて帰ってください。	失礼いたしました。お気をつけになって（お気をつけて）お帰りくださいませ。

秘書のふるまいと言葉遣い 対応問題

※p.56～63で取りあげていない事柄も出題しています。解きながら覚えましょう。

1 3級問題

次は秘書A子が先輩から教わったことである。中から不適当と思われるものを一つ選べ。

① 急いでいても席を立つときは、いすを机の下に入れること。
② 書類を渡すときは、文面を相手の読める向きにして両手で渡すこと。
③ 上司が自分の席に来て話しかけたら、すぐに立って、手は体の前で重ねて話を聞くこと。
④ 上司の机の前で報告するときは上司の斜め前に立ち、手は体の前で重ねて前傾姿勢で報告すること。
⑤ 上司に呼ばれたとき、自分がすぐに行けなかったら、返事だけして隣の人に行ってもらうようにすること。

2 3級問題

次は普通の言い方と改まった言い方との組み合わせである。中から不適当と思われるものを一つ選べ。

① 見てくれ　＝　拝見してください
② 行きたい　＝　伺いたい
③ そうです　＝　さようでございます
④ 食べます　＝　いただきます
⑤ 座ってくれ　＝　お掛けください

解答解説

1 ⑤ 上司は用事があるから呼んでいる。すぐに行けないなら「少々お待ちいただけますか」と断り、なるべく早く行くようにする。隣の人に行ってもらうなどは不適当。

間違えた人は見直そう！ p.56

2 ① 「見てくれ」の改まった言い方は、「ご覧ください」。

間違えた人は見直そう！ p.60

3 2級問題

部長秘書A子は、上司が外出中に専務から、「部長と一緒に昼食をとりたいので、都合を聞いておいてほしい」という電話を受けた。戻った上司にA子は何と言えばよいか。次の中から適当と思われるものを一つ選べ。

① 「専務がお昼をご一緒にとおっしゃっていますが、ご同行願えますか」
② 「専務が昼食をご一緒にとおっしゃっていますが、お受けいただけますでしょうか」
③ 「専務から昼食をご一緒にというお電話がありましたが、ご都合はいかがでしょうか」
④ 「専務がご一緒にお昼を召しあがりたいとのことですが、お受けしてよろしいでしょうか」
⑤ 「専務から、お昼をぜひご一緒にとお誘いいただきましたが、どのようにお返事いたしましょうか」

4 2級問題

次は秘書A子が、取引先のS部長の秘書に「もうS部長は会社を出たか」と尋ねた言い方である。次の中から不適当と思われるものを一つ選べ。

① 「S部長様は、もうお出かけになられましたでしょうか」
② 「S部長様は、もうこちらに向かわれましたでしょうか」
③ 「S部長様は、まだそちらにいらっしゃいますでしょうか」
④ 「S部長様は、もうお出になってしまわれましたでしょうか」
⑤ 「S部長様は、まだそちらのほうにいらっしゃいますでしょうか」

解答解説

3 ③ この場合は、「専務が昼食の都合を聞いている」ことを言えばよい。①②④⑤は秘書の意思がうかがえ、積極的すぎるので不適当。

4 ① 「お出かけになる」と「られる」の二重敬語で不適当。

間違えた人は見直そう！ p.61

2 話の仕方と聞き方

出題傾向 2・3級ともに報告や忠告など、話し方・聞き方の応用問題がよく出題される。基本的な話の仕方や聞き方も要チェック。

1 話の仕方と聞き方の基本

◆相手を意識する ★★★

話には話し手と聞き手が存在します。聞き手が理解することで、話は成立します。相手との関係にも配慮して、お互いを尊重することが大切です。

■感じのよい話し方

声の大きさなど	●話題にもよるが、基本的に明るく生き生きと話すこと ●聞き取りやすい声の大きさや明瞭な発音も大切 ●豊富な話題も話し上手には不可欠
相手との関係	●上司には常に丁寧な対応を心がける ●同僚や先輩との雑談では、くだけた話し方でも差し支えないが、職場での節度は守る
表現は「言葉＋表情＋態度」	●表情や動作なども加えて表現する ●親しい相手には、スキンシップも有効。相手の表情や態度から、話が理解できているかどうか察するようにする
誰にでもわかる	●専門用語や難しい表現は避けるか、わかりやすく言い直す ●5W2H（when いつ、where どこで、who 誰が、what 何を、why なぜ、how どのようにして、how much いくらで）を心がけ、具体的に話す
自尊心を傷つけない	●相手の人格を否定する話し方はしない ●相手と意見が合わなくても、まずは相手の考え方を肯定し、次に自分の意見を述べる
自分だけ話さない	●自分ばかり話すと相手は不満を感じる ●相手が話しているときに違う話題に変える（話の腰を折る）こともNG

■感じのよい聞き方

態　度	●相手の目をしっかり見て聞き、表情からも話をくみとる
質問は話の最後	●不明点は最後に（長い話は一区切りついたところで）質問 ●よく似た話でも同じ話ではない。最後まで聞く
相づちを打つ	●話しやすいよう、相づちを打ったりうなずいたりする ●相手の話に同意できなくても相づちは打ち、話を進める
しっかり聞く	●話は先入観をもたず、事実を冷静に聞きとる ●ポイントをつかんで聞き、話が本題からそれたら、さりげなく元に戻すことも必要である
要領を得ない場合	●要点をまとめて「～ということですね」などと相手に確認するとよい

2 話の仕方と聞き方の応用

◆報告の要領　★★★

報告で重要なことはタイミングを見計らい、「事実」を述べることです。

point　上司への報告の仕方

●**報告内容を整理**

憶測ではなく事実のみを報告し、感想や意見は求められれば発言する。内容により、文書・メモ・グラフ・表なども用いる。

●**タイミング**

上司が忙しいときは、急がない報告はあとにする。報告するときは、「ただいまお時間よろしいでしょうか」などと尋ねる。

●**報告の順序**

急ぎ、重要、悪い結果の報告は早くする。報告はまず結果を伝え、必要であればあとで経過も話す。最初に報告件数や、報告に要するおおよその時間を伝え、5W2Hや時間の流れをふまえて報告するとわかりやすい。

●**報告の終了**

「以上でございます」などと言い、不明な点はないか確認する。「ご質問はございませんか」は目上の人には失礼にあたるので要注意。

◆説明の要領 ★★☆

よりわかりやすくするために、グラフや表などを活用しましょう。

point 説明の仕方

- **説明する前に**
  概略（何の説明か）・（説明する数）ポイントなどを伝える。
- **事実を伝える**
  個人の感想はいらない。
- **具体的に伝える**
  数字が多い場合はグラフや表を利用する。内容が複雑であれば図解や写真も用意する。
- **順序よく伝える**
  時間の流れ、因果関係（原因と結果）、場所などを整理して伝える。
- **相手の反応を見る**
  重要な点は繰り返し説明し、相手がきちんと理解しているかどうか確認しながら話を進める。上司からの質問は、説明の途中でも受ける。

◆説得の要領 ★★☆

相手に頼んで断られた依頼を、受け入れてもらうように納得させることが説得です。相手の不安や心配を取り去ることが第一歩です。

point 説得の仕方

- **不安を取り去る**
  能力的不安「能力的に無理」、物理的不安「忙しくて時間がない」、経済的不安「予算がない」、心理的不安「失敗したら嫌」などをなくすことが説得成功のカギ。
- **自分のペースで説得する**
  相手に合わせていてはなかなか説得できない。何度も繰り返し、根気強く説得する。場所を変えたり、信頼できる人に頼んでもよいが、人選には気をつける。
- **意欲的に話す**
  説得する本人が無気力では気持ちが伝わらない。強い意志が必要。

◆忠告の受け方、忠告の仕方 ★★★

上司や先輩から忠告（注意）を受けたり、後輩に忠告したり、忠告は人間関係に影響を与えます。正しい忠告の受け方、仕方を学びましょう。

point 忠告の受け方

- **前向きに受け止める**
  誰にではなく何を注意されたのかが大切。忠告は期待の表れなので、反省は必要だが落ち込まないこと。忠告内容について納得できなくても、ほかの人の意見を聞くようなことはしない。忠告自体を受け入れること。
- **感情的にならない**　ふてくされたり、泣いたり、責任を回避したりしない。
- **素直に詫びる**
  言い訳をせずに詫びて、忠告に感謝する。忠告が相手の勘違いによるものでも自分の行動を振り返り、必要ならあとで説明する。
- **忠告を受けたあとで内容を記録する**
  二度と同じミスをしないようにする。

point 忠告の仕方

- **事実を確認**
  うわさを聞いた場合は本人に確認してから忠告する。事実であれば原因も考えて、具体的に対処策を指導する。
- **タイミング**
  忠告はまとめずにそのつどするのがよいが、その場ですぐしてよいかどうか、効果があるかどうか判断する。
- **忠告内容は一つ**　あれもこれもとまとめず、追加しない。
- **1対1が原則**
  ちょっとしたことなら人前で忠告してもよいが、基本的にはほかの人にわからないようにする。
- **感情的にならない**
  相手に期待していることを理解させ、励ましながら、冷静に毅然とした態度で忠告する。忠告なので、笑顔や優しい声は不必要。わかりやすい口調を心がけ、言葉遣いに気をつけ、相手に言い分があれば聞く。
- **ほかの人と比較しない**　忠告相手を追い詰めないこと。

忠告をしたあとは、いつもどおり明るく接し、改善されていれば褒めます。改善されていなければ再度忠告しますが、失敗を挽回できるチャンスも与えて自信をもたせましょう。

◆配慮のある断り方と苦情処理 ★★☆

上司の指示で取引先の依頼を断る場合は、相手に配慮しながらもはっきりと断ります。苦情処理は、まず相手の話を聞くことが重要です。

point 断り方のコツ

- **はっきりと断る**

  「申し訳ございませんが、お引き受けいたしかねます」
  「お断りするよう申しつかっております」など。
  「考えておきます」「検討します」は期待をもたせるので言わない。
- **相手の話は誠意をもって最後まで聞く**
- **相手が納得する理由を告げる**

  場合によっては、本当のことを言わないこともある。
- **可能であれば代案を示す**

ケーススタディ

Q1 秘書A子の上司が外出中に、T氏から面会を求める電話があった。戻った上司に伝えると「断るように」と言われたのでT氏に連絡すると、「ぜひもう一度頼んでほしい」と言われた。A子はT氏にどのように答えればよいか。

A1 「お断りするようにと申しつかりましたが、再度ご依頼がありましたことは申し伝えます」と言う。

なぜ？ 断ったにもかかわらず頼まれたので、「再度伝える」と言うだけでかまいません。自分の憶測や感想は伝えないようにしましょう。

point 苦情処理のコツ

- **苦情を前向きに捉える**　問題解決が信頼関係を生む。
- **最後まで冷静に話を聞く**
  感情的になっている相手に、論理的に説明して納得させようとすると反感を買うおそれがある。相手の勘違いでも、まずは話を聞いて不満や怒りを受け止め、説明や弁明はあとから穏やかに行う。

3 指示の受け方

◆指示を正しく受ける ★★☆

上司の指示は正しく受けなければなりません。受け方のポイントを確認しましょう。

point 指示の受け方の基本

- **まず返事**
  上司に呼ばれたら「はい」と返事をして速やかに上司のもとに行き、「お呼びでしょうか」と言う。上司が秘書の席に来たらさっと立つ。メモは必ずとる。
- **質問は指示の最後に**
  指示内容は最後までよく聞き、指示が長い場合は一段落ついたところで質問する。
- **要点を復唱・確認**
  最後に要点を復唱し、確認する。数字に関すること（日時・人数・金額など）は、特にしっかり確認する。
- **二つ以上の指示が重なった場合**
  急ぐ仕事から始めるが、優先順位を自分で判断できない場合は上司に決めてもらう。

話の仕方と聞き方 対応問題

※p.66～71で取りあげていない事柄も出題しています。解きながら覚えましょう。

1 3級問題

次は新人秘書A子が先輩から教わった、上手な話の聞き方である。中から不適当と思われるものを一つ選べ。

① 話の途中で同意を求められたときは、軽くうなずくとよい。
② 相手が話しやすいように、状況に応じた相づちを打つとよい。
③ 話がわかりにくいときは、区切りのよいところで確かめるとよい。
④ 自分にとって興味がない話のときは、一段落ついたらそのことを伝えるとよい。
⑤ 話が途切れたときは、自分から関連する話をして、話が続くようにするとよい。

2 3級問題

次は秘書A子の、上司への報告の仕方である。中から不適当と思われるものを一つ選べ。

① 内容が込み入った報告は、先に経過を報告する。
② 報告することが何件かあるときは、先に件数を伝える。
③ 期限までに仕事が終わらないとわかったら、すぐに報告する。
④ 報告するときは、まず上司の都合を聞いて、了承を得てから報告する。
⑤ 指示されてから時間がたった仕事の報告は、最初に仕事の概要を述べてから報告する。

解答解説

1 ④ 興味のない話は聞かないということでは、良い人間関係は築けない。話題を豊富にして、どのような話にも対応できるようにしておく。

間違えた人は見直そう！ p.67

2 ① 報告は結果を知らせることが目的である。経過は必要があれば知らせればよい。内容が込み入っていても結果から報告する。

間違えた人は見直そう！ p.67のpoint

3 2級問題

秘書A子の先輩C子は説得するのが上手であると評判である。そこでA子はその理由を次のように考えてみた。中から不適当と思われるものを一つ選べ。

① いざというときは、泣き落とすくらいの強い意志で説得している。
② 相手の機嫌の善しあしや、説得する場所にも配慮して説得している。
③ 経済的なことは、あらかじめ可能かどうか考えてから説得している。
④ 相手の得意分野を知っていて、それをきっかけにして説得している。
⑤ 是が非でも説得しようという強い意志をもたずにやっていて、その結果うまくいっている。

4 2級問題

次は秘書A子が、後輩を注意するときや注意したあとに気をつけていることである。中から不適当と思われるものを一つ選べ。

① 注意したあとは、それが改善されているかどうか気をつけている。
② 注意はいくつかまとめたりせずに、気づいたときにすぐしている。
③ 注意しているときに、相手に言い分があれば聞くようにしている。
④ 注意するときは、相手の気持ちを考えて、柔和な表情でしている。
⑤ 注意したあとは、しこりが残らないように、いつもと変わらない態度で接している。

解答解説

3 ⑤ 説得とは相手に自分の考えを伝えて、相手の考えを変えようと働きかけること。強い意志と努力がなくては説得はできない。

間違えた人は見直そう！ p.68のpoint

4 ④ 注意するときは、するほうもされるほうも気持ちを引き締めていなければならない。表情も引き締まって当然である。柔和な表情でするようなことではないので不適当である。

間違えた人は見直そう！ p.69のpoint

3 電話応対と来客接遇

出題傾向 3級では、電話や来客への基本的な応対の問題が出題される。2級では、状況に応じた臨機応変な対応能力が問われる。

1 電話応対の基本

◆電話のかけ方と受け方 ★★★

電話は職場では欠かせない便利な道具ですが、声だけであるため相手に誤解を与えないように注意します。謝罪やお礼を述べるときは、相手に見えなくても頭を下げるくらいの気持ちが必要です。ただし、複雑な内容の用件は直接会って話すようにします。

■かけ方

1 相手の都合を考える

- 緊急の場合を除き、早朝や夜遅く、相手が忙しい時間（始業直後・終業前など）は避ける

↓

2 かける前の準備

❶用件をまとめる
❷必要な資料があれば準備する
❸メモと筆記用具を用意する
❹相手の電話番号を確かめる

↓

3 相手が出たら名乗る

❶「会社名・部署名・名前（名字）」を名乗り簡単なあいさつをする。「いつもお世話になっております」など
❷相手の都合を確認する。「ただいまお時間よろしいでしょうか」、または相手が忙しいと思われる時間帯なら「ただいま○分ほどよろしいでしょうか」
❸自分が不在中にかかってきた電話にかけ直す場合は「先ほどは席を外しておりまして、失礼いたしました」などと最初にあいさつする

↓

4 用件を要領よく

- 相手が不在で代理人に伝言を頼む場合は、「○○様にご伝言をお願いできますでしょうか」と言い、代理人の名前を聞いておく。
- 伝言内容をメモすることや復唱は依頼しない

↓

5 受話器を置く
- あいさつをして、静かに置く。ガチャンと置くと相手に失礼

プラスα

電話はかけたほうから切るのが基本ですが、目上の人や得意先からの電話なら相手が切ったのを確認してから切ります。電話が途中で切れたら、原因が相手のミスでもかけたほうからかけ直し、目上ならどんな場合でもこちらからかけ直します。

■受け方

1 呼び出し音は1回でとる
- 3回以上なら「お待たせいたしました」と言う。社外の人には、待たせた理由などは言わない

↓

2 受話器は利き手でとらない
- 利き手はメモをとるためにあけておく

↓

3 会社名・部署名などを名乗る
- 会社名の前に、普通は「はい」、朝なら「おはようございます」などと言う
- 相手が「いつもお世話になっております」と言えば、面識がなくても「こちらこそお世話になっております」と返すのが一般的

↓

4 相手が名乗らない場合
- 「失礼ですが（恐れ入りますが）、どちら（どちらの○○）様でしょうか」などと確認する

↓

5 用件は記録する
- 5W2H（p.66）の要領で相手と用件をメモする。不明な点は聞き直し、最後に要点を復唱する
- 電話を受けたほうにも、ちょうどかけてきた相手に用件がある場合は、相手の用件がすんでから話を始める

◆電話での基本対応と表現 ★★☆

電話をかけるとき・受けるときのさまざまな対応を身につけましょう。

調べて答える場合	すぐわかることならそのまま待ってもらう。時間がかかるなら、あとでこちらからかけ直すと言う

待たせる場合	電話は意外に小さい音も相手に聞こえる。待ってもらう場合は保留にする
メモを用意する場合	電話に出るとき、メモの用意が間に合わなかった場合は「少々お待ちいただけますでしょうか」と言って用意する。「メモを用意するから待ってほしい」などとは言わない
相手の名前を聞き直す場合	「恐れ入りますが、もう一度お名前をお聞かせ願えますでしょうか」と言う
間違い電話の場合	「○○社でございますが、何番におかけでしょうか。こちらは△△番です」と丁寧に。相手を責めるような言い方はNG
相手の声が小さく、聞き取りにくい場合	「お電話が遠いようですが」と言う。「大きな声でお願いします」「聞こえない」は相手を責めることになるので避ける。大きな声で言えない場合もある
電話機や回線システムが原因で聞き取りにくい場合	固定電話でかけた場合、電話機を変えてかけ直す。電話回線が原因の場合は、急用でなければ相手に断り、時間をおいてかけ直す
用件の内容が他部署への場合	他部署への電話とわかったら、話の途中でも相手に伝え、その部署に電話を回す
かかってきた電話の用件に答えられない場合	「恐れ入りますが、わたくしではわかりかねますので、担当の者に代わります」
上司不在時に、上司の家族からの電話	「何かご伝言（おことづけ）はおありでしょうか」などと希望を聞く
上司不在時に、上司机上の内線電話に出る場合	上司が常務なら、「はい、○○常務の席でございます」内線（社内）電話なので「常務の○○」はNG
ことばに注意	1（イチ）と7（ナナ）、岸田と石田、約50と150、私立（ワタクシリツ）と市立（イチリツ）など。専門用語・学術用語も避ける

プラスα

電話はフリーダイヤル＊以外、かけたほうが料金を負担します。受けた電話の相手をこちらの都合で長く待たせる場合は、こちらからかけ直すことを伝えましょう。

＊フリーダイヤル：受信者が料金を負担するサービスのこと。

◆電話の取り次ぎ ★★★

秘書は上司の指示で電話をかけたり、受けた電話を取り次いだりすることが多い立場にいるため、上司の意向に沿った正しい取り次ぎが求められます。

■受けた電話の取り次ぎ （上司が席にいる場合）

用件を確認する	●相手に何度も同じことを言わせないように、用件を確認して上司に取り次ぐ。「○○の件でございますね。かしこまりました。ただいま、△△（上司名）にかわりますので、少々お待ちくださいませ」 ●ただし、相手が用件を言わないときは無理に聞かない
上司に取り次ぐ	●「■■社の□□様から、○○の件でお電話でございます」と言って上司にかわる
上司がほかの電話に出ているなど、相手を待たせる場合	●「△△はただいまほかの電話に出ております。長くなりそうですので、こちらからおかけ直しいたしましょうか。それともこのままお待ちいただけますでしょうか」と相手に聞く ●相手が待つと言ったときは、上司に会社名・名前・用件をメモで伝える。場合により、上司はかかってきた電話を優先することもある。待ってもらう場合も、長くなれば途中で相手の意向を再度確認する ●かけ直す場合は、相手の電話番号を聞いておく ●伝言を頼まれたら、復唱して自分の名前を伝える「〜ということでございますね。かしこまりました。確かに△△に申し伝えます。わたくし、秘書の○○と申します」

プラスα

上司に電話を取り次いでも、「留守にしておいてほしい」と電話に出ないこともあります。そんな場合は「申し訳ございません。△△（上司名）は先ほどまで席におりましたが、ただいま席を外しているようでございます。いかがいたしましょうか」と相手に伝えます。また、上司が忙しくてかけ直す場合は、「申し訳ございません。ただいま△△は仕事が立て込んでおります。改めてお電話を差し上げると申しておりますが、よろしいでしょうか」と言いましょう。

上司と面談中の来客に会社から電話があった場合は、用件は聞かずに急ぎかどうかを尋ね、その旨を来客にメモで伝え、どうするか尋ねます。

■受けた電話の取り次ぎ（上司が不在の場合）

不在を詫びて、説明する	「申し訳ございません。あいにく△△（上司名）はただいま席を外しております（ただいま外出しております）」など
用件を聞く	「よろしければ、ご用件を伺えますでしょうか」
戻る時間を尋ねられたら	「○時ごろ戻る予定でございますが、いかがいたしましょうか」
連絡がほしいと言われたら	●「かしこまりました。恐れ入りますが、お電話番号をお聞かせ願えますでしょうか」と尋ねたあと、電話番号を復唱し、自分の名前を告げる 「123-4567でございますね。確かに申し伝えます。わたくし、秘書の○○と申します」 ●相手に「上司は電話番号を知っているはず」と言われても、「△△は存じているかもしれませんが、念のためお聞かせ願えませんでしょうか」と聞いておく
伝言メモがある場合	●上司の机上に置いておき、上司が戻ったら、電話があったこと・伝言内容・メモは机上にあることを伝える ●上司が戻る前に秘書が退社・離席する場合は、メモが机上にあることを必ず周囲（同僚秘書・上司の部下など）に話し、上司に伝えてもらうか、メモを預けて上司に渡してもらう。上司の机上に置くだけでは不確実

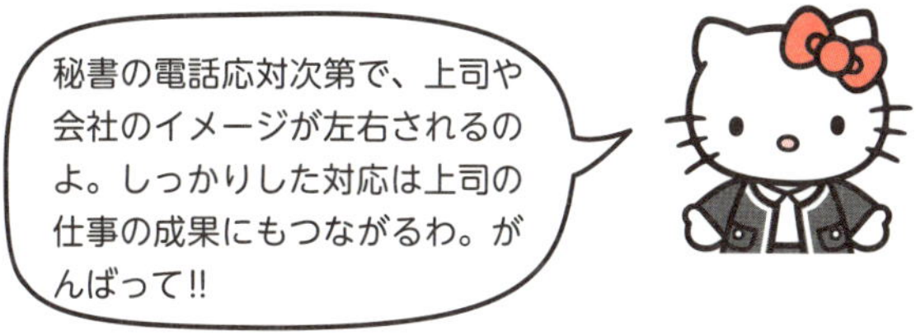
秘書の電話応対次第で、上司や会社のイメージが左右されるのよ。しっかりした対応は上司の仕事の成果にもつながるわ。がんばって!!

プラスα

取引先など電話の相手が上司の外出先や出張先、連絡先を聞いても教えてはいけません。相手が急用で、連絡が必要な場合や直接上司と話したい場合は、相手の連絡先を聞き、秘書が上司に連絡してその旨を伝えます。

■取り次ぎ電話をかける場合

相手の秘書を通す	秘書から相手に取り次いでもらう間に、上司とかわる
直接相手にかける	呼び出し音が鳴ったら、すぐに上司とかわる。上司とかわる前に相手が出たら、「お呼び立ていたしまして、申し訳ございません」と、一言詫びて上司とかわる

プラスα

目上の人に電話をかけて、本人が直接電話に出た場合も「お呼び立ていたしまして、申し訳ございません」と言いましょう。これは電話だけでなく目上の人に依頼して、直接会う場合も同じです。

■秘書が上司を呼び出す場合

上司が取引先を訪問しているとき	自分の名前を名乗り、あいさつしたあと「恐れ入りますが、そちら様に伺っております、わたくしどもの△△（上司名）を電話口までお願いできますでしょうか」と頼む
上司（部長）の自宅に電話するとき	自分の名前を名乗り、あいさつしたあと「（お休みのところ）申し訳ございませんが、部長（さん）がいらっしゃいましたら、お願いできますでしょうか」

ケーススタディ

Q1 鈴木部長秘書A子が電話に出ると、S氏からであった。S氏は先日上司が業界の会合で知り合い、A子も上司から名刺を受け取り整理していた。このような場合、A子は相手の名前を確認したあと、何とあいさつすればよいか。

A1 「先日は鈴木がお世話になりまして、ありがとうございました」と言う。

なぜ？ S氏とは先日上司が会合で会っています。A子もそのことを知っているので、この場合はそのことに対してのお礼を言えばよいでしょう。

2 来客接遇の基本

◆受付と取り次ぎ ★★★

来客は予約（アポイントメント）のあるなし、顔見知り、初対面、取引の大きさなどにかかわらず、先着順に受け付けます。上司が何らかの事情で会えない場合は、丁寧にお詫びすることも忘れてはなりません。

point 受付の仕方

● **予約ありの来客**

用件は予約時に確認済みなので、聞く必要はない。会社名・氏名を確認し上司に取り次ぐ。初めての来客は予約があっても名刺をもらうようにする。

● **予約なし（不意）の来客**

予約があるかどうかを確認し、会社名と氏名・用件・紹介者はいるかを尋ね、上司に取り次ぐ。丁寧に対応するが、上司の在否はふせておく。

● **名刺の取り扱い**

名刺は文字に指がかからないように、両手（または盆）で丁寧に受ける。裏は見ない。相手が名乗ったら会社名と名前を復唱し、読み方がわからなければ「恐れ入りますが、何とお読みすればよろしいでしょうか」とその場で尋ねる。面談後上司から名刺を受け取ったら、ふりがなや日付、来客の特徴（小柄・上背＊がある・かっぷく＊がよい・眼鏡）・飲み物の好みなどを書き込む。

＊上背：身長、かっぷく：体つき

◆取り次ぎ・応対のコツ ★★★

いろいろな状況での来客の取り次ぎには、細心の注意と心配りが求められます。

■予約なしの来客

転任・着任などのあいさつ客	●儀礼的で時間がかからないので上司に取り次ぐ ●上司が不在なら代理に取り次ぐ。秘書が名刺を預かることもあるが、上司の代わりにあいさつを受けることはできない
寄付・広告の依頼	●迷惑な客の対応についてはあらかじめ上司と相談しておき、不要ならはっきりと断る ●担当部門がある場合は、対応を任せる
上司多忙時の来客	●会社名と氏名・用件・所要時間を尋ね、取り次いだほうがよいと判断したら、「あいにく△△（上司名）は仕事が立て込んでおりまして、お目にかかれないかもしれませんが聞いてまいります。少々お待ちくださいませ」と言って取り次ぐ ●上司が会えない場合は、相手の意向（代理に会う・出直す）を聞く。出直す場合は伝言・次回面会の希望日（2～3つ）を聞き、上司に伝えてこちらから連絡する

■予約ありの来客で、外出した上司が会社に戻っていない場合

30分以内の遅れの場合	●極力待ってもらうようにする 「△△（上司名）が戻りますのが30分ほど遅れるとのことでございます。お忙しいところ誠に申し訳ございませんが、何とかお待ち願えませんでしょうか」
30分以上遅れる場合	●遅れる時間や理由（言うと差し障りのあるときは、急用・外出先での都合とする）を伝え、相手の意向を尋ねる ●用件により、代理を立てる・伝言・こちらから連絡するなどの対応をとる ●予約客が出直す場合は、丁寧に謝る

※待ってもらう場合は途中経過を知らせ、お茶や新聞・雑誌を提供する。

■上司が社内にいるが遅れる場合

会議や面談が長引いている時に次の予約客が来た場合	応接室に通し「少々お待ちくださいませ」と伝える。上司にはその旨をメモで伝え、指示を仰ぐ

■上司不在時の来客

不在を詫び、相手の意向（代理に会う、出直すなど）を尋ねる	「せっかくお越しいただきましたのに、申し訳ございません。あいにく△△（上司名）は外出しておりますが、いかがいたしましょうか」
相手が出直す場合	伝言・次回面会の希望日（2～3つ）を聞いておき、上司に伝えてこちらから連絡する

■予約客が早く来た場合

上司の手があいている場合	すぐに取り次ぐ
上司が前の客と面談中・会議中などの場合	メモで伝えるが、「早く来てほしい」などと伝えてはいけない。予約客は応接室に案内し、お茶を出す

■紹介状持参の来客

紹介者から事前連絡がある場合（予約なし）	連絡を受けていたことを伝え、紹介状を受け取り上司に取り次ぐ。上司の都合がよければ会う
紹介者から事前連絡がない場合（予約なし）	会社名・氏名を尋ね、紹介状を受け取る。上司に取り次ぎ、上司の意向に従うが、場合によっては上司が紹介者に確認するなど、すぐに会えないこともある
上司が会えない場合	多忙・不在など理由を話して丁寧に断り、相手の意向（代理に会う、後日の面会予約など）に沿う

※予約がある場合は、通常の予約客と同じように対応する。

プラスα

紹介状とは、紹介する人が、紹介状を持ってきた人の履歴や希望を書いた文書を封筒に入れたもの。封はしていないが、秘書は中を見てはいけません。紹介する人が自分より下位の人あてに書く場合は、自分の名刺に書くこともあります。名刺も正式の紹介状です。

ケーススタディ

Q2 秘書A子の上司（部長）のところに予約客が時間通りにやって来た。ちょうどその時、取引先の部長が転任のあいさつに訪れた。A子はどのように対応すればよいか。

A2 あいさつ客に「少々お待ちください」と伝え、予約客を応接室に案内する。予約客に事情を説明して待ってもらい、あいさつ客を先に上司に取り次ぐ。

なぜ？ 受付で予約客と予約のない客が重なった場合、普通は予約客が優先されます。ただし、あいさつ客は儀礼的で時間がかからないので、予約がなくても優先します。これは年始のあいさつ客なども同様です。

プラスα

人を紹介するときは、次の①～⑤を念頭において行いましょう。

①社会的地位を優先し、地位の低い人を先に地位が高い人に紹介する（上位の人に先に情報を与えるため）。

②社会的地位が同じ場合や、社会的地位が関係しない場合（習い事など）は、若い人を先に年上に紹介する。

③地位や年齢が同じであれば、親しい人を先に紹介する。

④1人と大勢であれば1人を先に、紹介してほしい人と紹介を受ける人では、紹介してほしい人を先に紹介する。

⑤社内の人と他社の人では、先に社内の人を紹介する。（他社の人のほうが社会的地位が高いと考えるから）。

◆案内と茶菓サービス ★★★

来客を応接室に案内し、お茶を出すのも秘書の大切な仕事です。上司が落ち着いて面談ができるよう、細心の気配りを心がけましょう。

案内の仕方

❶来客に「応接室にご案内いたします。どうぞこちらへ」などと言い、来客の2、3歩斜め前を歩く。来客の歩く速さに合わせ、廊下を曲がるときも「こちらでございます」などと言う。

❷社内で来客を案内中に、取引先などほかの客と出会ったときは、その客には歩きながら会釈する。立ち止まらずに、案内している客を優先しなくてはいけない。

❸エレベーターは乗る前に「○階でございます」と行き先を告げる。乗るときは「お先に失礼いたします」と先に乗り、操作盤でドアを「開」にし、来客に乗ってもらう。降りるときは来客から降りてもらう。

❹応接室に入るときは表示が「空室」になっていてもドアをノックする。
内開きドア：秘書が先に入り、ドアを押さえて来客に「どうぞ」と言う。
外開きドア：秘書がドアを開けて来客に先に入ってもらう。

❺コートや傘は、秘書から「お預かりいたしましょうか」と申し出る。

❻来客には上座に座ってもらう。上座とは出入り口から遠い席。部屋の形態やいすの種類で上座の位置も変わる。いすは、ソファー、1人用のいす、スツールの順で、一番奥の席が最上席となる。

席　次

いす席と和室での席次は下図のようになります。

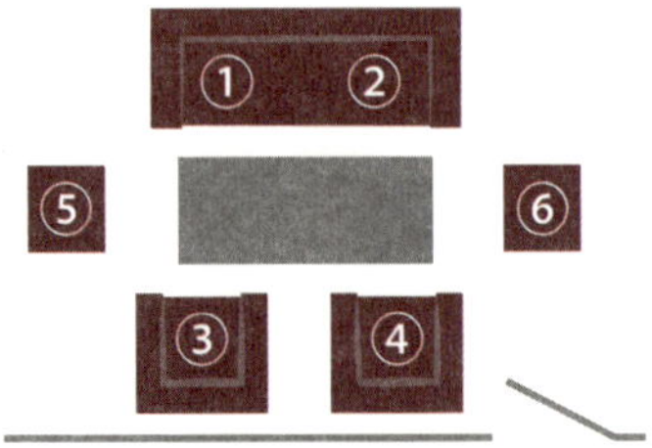

・客側2人、会社側2人の場合：
客側①②、会社側③④
・客側3人、会社側2人の場合：
客側①②③、会社側④⑥

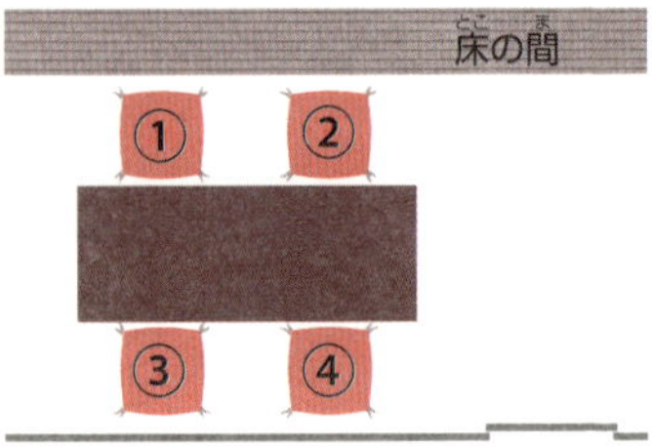

・和室では、床の間を背にする席が上座

席次は車や列車、飛行機でもあります。列車のボックス席では、①窓側の進行方向、②その向かい、③通路側の進行方向、④その向かい、となります。飛行機では、①窓側、②通路側、③中央の順になります。

運転手がいる場合の席次

オーナードライバーが運転する場合の席次

●茶菓の出し方〜基本

❶お茶はお客様が来てから入れる。来客数が多い場合は同僚に手伝いを頼む。応接室も片づいているか、事前にチェックしておく。

❷お盆に茶たくと茶わんを別々にのせる（お茶がこぼれて茶たくに溜まることを防ぐ）。カップとソーサー、グラスとコースターも同様。ふきんも用意し、お盆は胸の高さに持って運ぶ。上司にも来客用の茶わんを使う。

❸ノックして入室し、「失礼いたします」と言う。サイドテーブルがあればお盆を置いて、茶たくと茶わん（カップとソーサー）をセットして両手で出す。コースターの場合は、先にコースターを置いてからグラスを置く。サイドテーブルがなければテーブルの端にお盆を置く。

❹お茶は「どうぞ」と声をかけながら、上座（来客）から順に出す。上司と来客の面談が込み入っている場合は黙礼（無言で会釈）だけでよい。

❺奥の座席にお茶を出せない場合は、手前の人に「送っていただけますか」と頼む。

❻茶わんの絵柄は来客の正面に向け、茶たくの木目は横になるように置く。

❼お菓子はお茶より先に出し、来客から見てお菓子が左、お茶は右に置く。

❽出し終わったら出入り口で「失礼いたしました」と会釈して退出する。

●茶菓の出し方～応用

❶来客を応接室に案内したとき、前の客の茶わんが残っていたら、片づけてから席に案内する。

❷お茶は30分をめどに入れ替えればよいが、茶たくごと下げて、新しく出す。急《きゅう》須《す》を持っていって、お茶を足してはいけない。

❸テーブルの上に書類があっても秘書は動かさず、あいているところに茶わんを置く。

❹お茶を運んだとき、上司と来客が名刺交換をしていたら、終わるまで待ってから出す。

❺運んだお茶の数が足りない場合、上位の人からお茶を出し、足りない分はあとで運ぶ。

❻応接室で待たせる場合は先に来客だけにお茶を出し、あとから来た上司にお茶を出すとき、来客にも改めて新しいお茶を出す。

❼来客にもらったお菓子は、その旨を告げて、上司と来客に出してもよい。

❽お弁当を出すときは、お弁当の右側にお茶やお吸い物を置く。

❾自分が客としてお茶をいただくときは、茶わんのふたは裏返して、茶たくの近くのやや右上に置く。お吸い物も同様。飲んだらふたは元通りに戻す。

❿会議など大人数にお茶を出すときは、上座から順*に、または端から順に着席者の右側から出す。発言中の人にも順番通り出してよい。部内会議の場合は、席がどこでも部長から出し、あとは部長の隣から順に出す。

*上座の順位：会議室では、①飾棚（議長席）などのある側、②出入り口から遠い席、③最上席に向かって左側の席、となる。

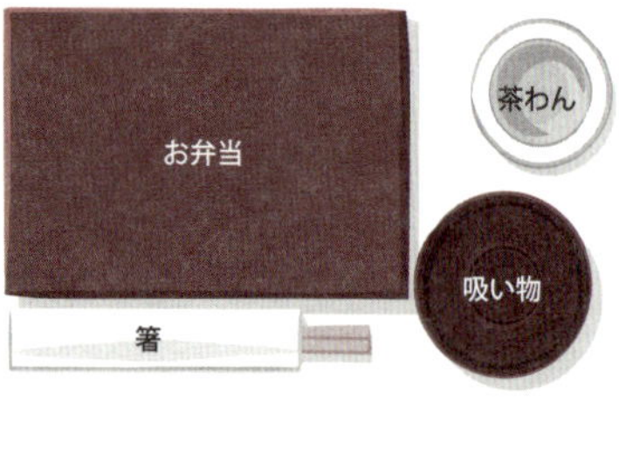

■来客の見送り方

秘書が自席で見送る場合	立ち上がって「失礼いたします」などと言い、お辞儀をする。来客が部屋を出るまで立って見送る
エレベーターまで見送る場合	秘書がボタンを押して呼ぶ。来客が乗ったら「失礼いたします」などとあいさつをしてお辞儀をし、エレベーターが閉まるまで見送る
車まで見送る場合	来客が車に乗る際、荷物があればいったん預かり、来客が乗り終えたら返す。車が動き出したらお辞儀をし、車が見えなくなるまで見送る

※上司と一緒に見送る場合、秘書は上司より一歩下がって控えていること。上司が来客とあいさつをし終わったら、お辞儀をすればよい。

ケーススタディ

Q3 秘書A子が受付で来客と応対中に電話が鳴った。受付にはA子１人しかいない。どうすればよいか。

A3 応対中の来客に「失礼いたします」と言い電話に出る。「来客中」と伝え、電話は手短に終える。

なぜ？ 電話は来客応対中でも出るようにします。反対に、受付で電話中に来客があった場合は電話をしながら会釈し、目で合図をしたり、手でいすを示して座ってもらうようにします。指で受話器をさして、電話中であることを来客に知らせるような態度は不適切です。

■他社訪問時のふるまい

秘書は上司の指示で他社を訪問することもあります。コートを着ている場合は、脱いでから受付に行き、あいさつのときはショルダーバッグなら肩から外して持ちます。訪問した相手を応接室で待つ間、特に席を勧められなかったら一番下座にかけて待ち、相手が応接室に来たら、立ち上がってあいさつします。上司からのお土産を渡すときは手提げ袋のまま渡さずに、袋から出します。お茶を勧められたら、「ちょうだいいたします」などと言って、軽く頭を下げ、茶たくは置いたまま、茶わんだけを持って飲みます。茶わんに口紅がついたら、指でそっとふきとりましょう。

電話応対と来客接遇 対応問題

※p.74～87で取りあげていない事柄も出題しています。解きながら覚えましょう。

1 3級問題

秘書A子は上司（鈴木）の指示で、取引先のN部長に面会申し込みの電話をしたが、N部長は出張で不在だった。このときA子はN部長秘書に、「お戻りになりましたら」と言ったあと、何と言えばよいか。次の中から適当と思われるものを一つ選べ。

① 「N部長様からご連絡をいただけませんでしょうか」
② 「鈴木の面会希望日をお伝えいただけませんでしょうか」
③ 「お電話を差し上げたことをお伝え願えませんでしょうか」
④ 「鈴木あてにお電話をくださるよう、お伝えいただけますでしょうか」
⑤ 「N部長様のご都合のよろしい日時をご連絡いただけますでしょうか」

2 3級問題

秘書A子の上司は予約客の田中氏と面談中である。その田中氏と一緒に見えるはずだった佐藤氏から、「交通渋滞で到着まであと10分ほどかかる」と電話があった。このような場合、A子は佐藤氏のことを面談中の二人にどのように伝えればよいか。次の中から適当と思われるものを一つ選べ。

① 佐藤氏は上司の予約客だから、上司にメモで知らせる。
② 佐藤氏と一緒に見えることになっていた田中氏に、メモで伝える。
③ 上司には口頭で伝え、田中氏にはメモで伝えると言い、メモを渡す。
④ 上司にメモで伝え、メモを渡すとき、田中氏にも伝えてほしいと頼む。
⑤ 二人とも佐藤氏のことは気にしているのだから、同時に口頭で伝える。

解答解説

1 ③ こちらからの面会申し込みなので、電話があったことを伝えてもらうか、こちらから電話をさせてもらうという対応が適当。

2 ⑤ 面談中ではあるが二人とも佐藤氏のことを気にしている。このような場合、臨機応変に口頭で二人に聞こえるように伝えることが適当。

3 2級問題

秘書A子の上司のところに約束のない来客があった。初めての客である。このような場合、①客に確認することを三つ答えなさい。②上司へどのように対応すればよいかを答えなさい。

① 客に確認すること

1 ＿＿＿＿＿＿ 2 ＿＿＿＿＿＿ 3 ＿＿＿＿＿＿

② 上司への対応

＿＿＿＿＿＿＿＿＿＿＿＿＿＿＿＿＿＿＿＿＿＿＿＿

4 2級問題

次は上司を訪ねてきた来客への、秘書A子の対応である。中から適当と思われるものを一つ選べ。

① 予約はあっても初めての客なので、名刺を預かり上司に取り次いだ。

② 紹介状を持って来た客だったので、紹介状を見て氏名を確認した。

③ 時間に遅れて来た予約客に、待っていたと言って遅れた理由を尋ねた。

④ 学生時代の友人としか言わない客には、念のためと言って学校名と氏名を尋ねた。

⑤ 新任のあいさつに来た取引先の部長に、上司は不在と伝えて代わりにあいさつを受けた。

解答解説

3 ① 1 氏名と会社名、2 用件、3 予約があるかどうか

ほかには、紹介者はいるか、名刺をもらえるか、などでもよい。

② ①で確認したことを報告し、会うかどうか確認する。

間違えた人は見直そう! p.80のpoint

4 ① 予約客は、会社名・氏名はわかっているが、初めての来社の場合は名刺を預かり取り次ぐことが適当である。③の場合、遅れた理由は尋ねない。

間違えた人は見直そう! p.80～83

4 交際業務

出題傾向 2・3級ともに、弔事は出題頻度が高い。服装や用語は必須事項。2級の記述問題では、上書き用語がよく取り上げられる。

1 慶　事

◆慶事での秘書の役割 ★★★

慶事とは「お祝い事」のことです。慶事には、昇進（役職が上がること）、栄転（地位の昇進を伴う転任のこと）、就任（役職に就くこと）、受賞（賞を受けること）、受章（国から勲章《くんしょう》・褒章《ほうしょう》などを受けること）、賀寿《がじゅ》（長寿の祝い）、祝賀行事（落成式：建物などが完成した祝い、創立記念など）、結婚式などがあります。取引先の慶事への対応のほか、自社や上司の慶事では、秘書が準備や運営・客の接待を担当します。

■慶事での秘書の仕事

上司に知らせる	取引先からの連絡や新聞などで情報を得たら、上司に報告して対応の指示を得る。必要ならば社内関係者にも知らせる
お祝いの品を贈る	前例などからリストアップして上司に確認。デパートからの配送（祝い状を添える）、または直接届ける場合は吉日（物事をするのによい日）の午前中がよい
電報を打つ	慶事に打つ電報は「祝電」という。必ず「祝電扱い」にし、「日時の指定」を行う。送り先・相手の氏名を確認し、電文・台紙・差出人（会社名か上司名か）について、上司の意向に従う
招待状に返事をする	招待状を受け取ったら、上司に確認してなるべく早く出欠の返事をする。出欠にかかわらず、「お祝いの一言」を添える
上司の代理で祝賀会などに出席する	上司の指示で秘書が代理出席する場合は、態度や言葉遣いに注意する。服装は多少あらたまったスーツやワンピースで、アクセサリーで華やかさを添える程度にする。そのあと職場に戻ることもあるので、あくまでも秘書としての立場を忘れない。自社の祝賀会の受付などの場合も同様

プラスα

祝電を打つ場合は、忌言葉《いみことば》（不吉なので使用を避ける言葉）に気をつけましょう。結婚では、「去る」「切る」「帰る」など。また、祝い事や祝いの儀式を祝儀《しゅうぎ》といい、祝いのために贈る金品の意味もあります。お金は祝儀袋に入れて贈ります。

慶事に関する用語

■賀寿《がじゅ》（長寿の祝い）の種類

還暦《かんれき》	満60歳
古希《こき》・古稀《こき》	70歳
喜寿《きじゅ》	77歳
傘寿《さんじゅ》	80歳
米寿《べいじゅ》	88歳
卒寿《そつじゅ》	90歳
白寿《はくじゅ》	99歳

■六曜《ろくよう》（吉凶の基準となる以下の６つの日のこと）

先勝《せんしょう》	午前中が吉
友引《ともびき》	朝夕が吉、葬式はしない
先負《せんぶ》	午後が吉
仏滅《ぶつめつ》	何事をするにも凶
大安《たいあん》	万事に吉
赤口《しゃっこう》	正午が吉

■土木・建築に関する祭儀

地鎮祭《じちんさい》	基礎工事の前に土地の神に工事の無事を祈る
落成式《らくせいしき》	建築工事の無事完了を祝う。竣工式《しゅんこうしき》も同様

●慶事の服装

■正　装

〈午前中や昼間〉

モーニングを着用。上着とベストは黒無地、ズボンは縞物

ワイシャツ・手袋の色は白。靴と靴下は黒

ネクタイは白かシルバーグレーの無地、またはストライプ

アフタヌーンドレス。袖もあり、肌はあまり露出しない

〈日没後や夜〉

燕《えん》尾《び》服《ふく》かタキシード。燕尾服は、上着の前の丈は短く、後ろは長く燕の尾のように先が割れている。色は黒が多い

ネクタイの色は燕尾服の場合、白の蝶ネクタイ。タキシードは黒の蝶ネクタイ

ともにワイシャツ・手袋の色は白。靴下の色は絹の黒。靴の色はエナメルの黒

イブニングドレス。袖はなく、胸元や背中も大きく開いている。アクセサリーも華やかにする

秘書の服装

※服装は招待状のドレスコード（服装のきまり）に従うか、パーティーの場所、時間、招待客などで考え、わからなければ主催者に尋ねるのもよい。

和装の場合は、時間によってかわることはない。男性は黒羽二重の羽織袴で、着物は縞物でも可。紋は染め抜きの五つ紋か三つ紋。女性は未婚であれば振袖、既婚者は留袖《とめそで》を着用する。

■略　装

男性はブラックスーツ、ダークスーツ（ダークブルー・ダークグレーの縞や無地でもよい）で、そのほかはモーニングと同じ。女性は改まったワンピースやスーツなど。「平服で」と招待されたら、略装程度の装いで出席します。「平服」は普段着のことではありません。

プラスα

祝賀会への出席は、黒い服装でもかまいません。アクセサリーなどで華やかさを演出すると、慶事の席にふさわしい装いになります。

●パーティー、会食の種類とマナー

■パーティーの種類

ランチョン・パーティー	正式な昼食会。メイン料理は肉か魚を選ぶ
ディナー・パーティー	晩餐《ばんさん》会。フルコースの料理。座席も決まっている。
カクテル・パーティー	立食形式でお酒が主体。軽食も出る。パーティーの時間内なら、出入りは自由
カクテルビュッフェ・パーティー	立食パーティー。カクテル・パーティーに食事が加わったもの。やはり出入りは自由

■日本料理の種類

会席《かいせき》料理	宴会（酒席）などでの高級な料理。本膳を略式化したもの
懐石《かいせき》料理	一品ずつ客に出し、酒より料理そのものを味わう料理
本膳《ほんぜん》料理	正式な日本料理。本膳・二の善・三の膳からなる
精進《しょうじん》料理	肉や魚介類を使わない植物性の料理
普茶《ふちゃ》料理	中国式の精進料理。大皿に盛って出し、取り分ける
皿鉢《さわち》料理	いろいろな料理を大皿に盛って出す、高知県の料理

point 立食パーティーでのマナー

- 大きい荷物、コートはクロークに預け、女性なら小ぶりのバッグのみ持って会場に入る。
- 開始時刻に遅れても、主催者に詫びに行く必要はない。同様に早退するときも断りはいらない。お祝いのあいさつは手短にする。
- 会場の入り口で渡される飲み物はウェルカムドリンクといい、すぐに飲んでよい。歓迎の意味なので、乾杯用ではない。
- 会場にいすがあっても座らないのが原則。立ったまま飲食・歓談する。
- 料理は何度でもとれるので、少しずつ皿にとり、料理テーブルから離れ、歓談しながら食べる。空いたお皿はサイドテーブルに置き、新しい皿で次の料理をとる。

- スピーチ（祝辞＊）が始まったら、会場への出入りは控える。ただし、これは招かれた側のマナー。主催者側の場合、参加者に強要しない。
- 主催者側の場合、パーティー開催中は、いつでも引き出物＊を渡せるように準備しておく必要がある。引き出物は参加者全員に渡す。

＊祝辞：祝いの言葉のこと。来賓《らいひん》祝辞は式や会合に主催者から特別に招待された客の祝いの言葉。

＊引き出物：参加者への土産物。

■パーティーで使われる特別な用語

お開き	パーティーが終了するとき、「閉会」とはいわず、「お開き」といいます
中締《なかじ》め	「お開き」前の一区切りを「中締め」といい、「一本締め・三本締め」などの手締め（物事が決着したとき行うそろいの拍手）をします
乾杯	慶事を祝って杯《さかずき》やグラスの酒を飲みほすこと。「乾杯」の発声をすることを、「乾杯の音頭《おんど》をとる」ともいいます

●食事のマナー

■西洋料理

●いすの左側から着席する。いすには深く腰掛ける。

●ナプキンは料理が運ばれる前に広げ、２つ折りにして折り山を自分のほうにする。食事の途中で立つときはナプキンをいすの上に置く。

●ナイフとフォークは、セットされているものを外側から順に音をたてないように使い、食事中はお皿にハの字にかけて置く。食べ終わったら、ナイフの刃を内側にして、フォークとそろえて皿の右側よりに置く。

●スープは音をたてないように手前から向こうへすくって飲み、パンは一口分ずつ手でちぎり、そのつどバターを塗って食べる。

●骨付きの魚料理はまず表身を食べて骨を外して皿の向こう側に置き、裏身は返さないで食べる。肉は左端から一口分ずつ切って食べ、鶏肉など骨があればナイフで骨を外す。

●デザートを食べて食事が終了したら、ナプキンはテーブルの上に置くが、きちんとたたまなくてよい。いすの左側から立ち上がる。

■中国料理

●難しいマナーはないが、小皿に取り分けたものは残さず食べるようにする。

■日本料理

日本料理において、箸の使い方には特に注意する。以下は無作法とされる箸の使い方の呼称。

迷い箸	どの料理をとろうかと、いろいろなものに箸を向けること
握り箸	握るように箸を持つこと
渡し箸	食事中に箸を食器の上に渡しておくこと
涙箸	箸の先から汁をしたたらせること
ねぶり箸	箸をなめること

ケーススタディ

Q1 秘書A子は上司から、取引先の会長の77歳のお祝いに電報を打つようにと指示された。一般的にどのような電文がふさわしいか。

A1 喜寿のお祝いを申し上げます。ますますのご健勝をお祈り申し上げます。

なぜ？ 賀寿の祝いなので、年齢にふさわしいことばを選びます。77歳は喜寿の祝い。「健勝」とは、個人に対して使い、「相手の健康がすぐれ、元気なこと」を意味します。

2 弔　事

◆弔事での秘書の役割 ★★★

弔事とは人の死去・葬儀などをさします。秘書としては、会社の取引先の訃報《ふほう》（死亡の知らせ）をはじめ、社内関係・上司の知人・上司の家族の訃報への対応に臨みます。弔事は予定外に起こるので、上司のスケジュール調整も忘れてはいけません。

●弔事用語

弔事で使われる用語は、漢字はもちろん、意味もしっかり把握しておきましょう。

故人《こじん》	亡くなった人のこと
逝去《せいきょ》	人の死の尊敬語
遺族《いぞく》	亡くなった人の家族
通夜《つや》	葬儀の前に、遺族や親しかった人が一晩中遺体のそばで過ごすこと。最近では、告別式の前日の夕刻に行う半通夜のことをいう
葬儀《そうぎ》	故人を葬る儀式。仏式・神式・キリスト教式・無宗教式などがある。仏式の場合は、僧侶の読経や焼香があり、遺族や親戚の焼香順が決まっている。祭壇に向かい右側に遺族・親戚が座る
告別式《こくべつしき》	仏式・神式で葬儀に続いて行う、故人の縁故・知人が別れを告げる式。仏式の一般会葬者の焼香は焼香順が決まっていないので、前のほうから順番に行う

社葬《しゃそう》	功績が大きい人のために、会社が費用を負担して、すべてを執り行う葬儀。秘書は受付や参列者の接遇を担当する
会葬《かいそう》	葬儀に参列すること。参列する人を会葬者という
弔問《ちょうもん》	遺族を訪問してお悔やみを述べること
弔辞《ちょうじ》	葬儀の際に述べる、お悔やみの気持ちを表した文章
喪主《もしゅ》	葬儀を執り行う代表者
服喪《ふくも》	喪に服すること。喪とは故人の親族が一定期間、身を慎んで過ごすこと
喪中《もちゅう》	喪に服している期間
喪章《もしょう》	人の死を悲しむ気持ちを表す黒い布やリボン。洋服では左腕に巻く。喪中であることを表す
法要《ほうよう》	故人の供養《くよう》のために行う行事。四十九日まで7日ごとに行う仏事や、年忌《ねんき》ごとに行う仏事のこと。法事。逝去から7日目を初七日《しょなのか》、逝去から1年目を一周忌・一回忌、2年目を三周忌・三回忌
命日《めいにち》	故人が亡くなった日にあたる、毎月や毎年のその日
冥福《めいふく》	死後の幸福のこと
お布施《ふせ》	葬儀や法要などで、僧侶に渡す金品のこと
香典《こうでん》	霊前に供える金銭
忌《き》明《あ》け	服喪の期間が終了すること
精進《しょうじん》落《お》とし	喪主が火葬の夜に、葬儀関係者を慰労する宴。お礼の気持ちで行う
密葬《みっそう》	身内だけでする葬儀
享年《きょうねん》	亡くなった時の年齢
供物《くもつ》・供花《きょうか》	祭壇に供える物や花。仏式では、生花・花輪・果物・菓子など。神式では、生花・酒・魚・榊《さかき》(神事に用いる木)・果物など。キリスト教式では、白い生花など

●焼香の仕方（仏式）

1 遺族に一礼してから焼香台に進み、親指・人差し指・中指で香をつまむ

↓

2 目の高さにおしいただいてから香炉にくべる（1回ないし3回）

↓

3 遺影に向かい合唱し、2、3歩下がって一礼。遺族に会釈してから下がる

●玉串奉奠《たまぐしほうてん》の仕方（神式）

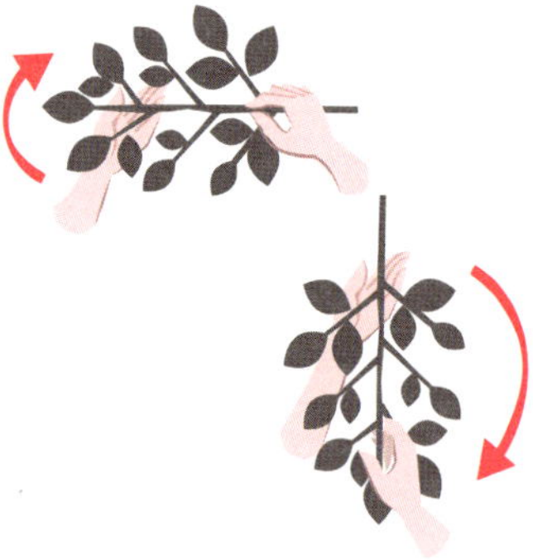

1 榊の根元を右手で握り、左手は葉に添える

↓

2 時計回りに回して榊の根元が故人側になるようにして、玉串台に供える

↓

3 音を立てずに二礼二拍手したのち、一礼して下がる

●献花の仕方（キリスト教式）

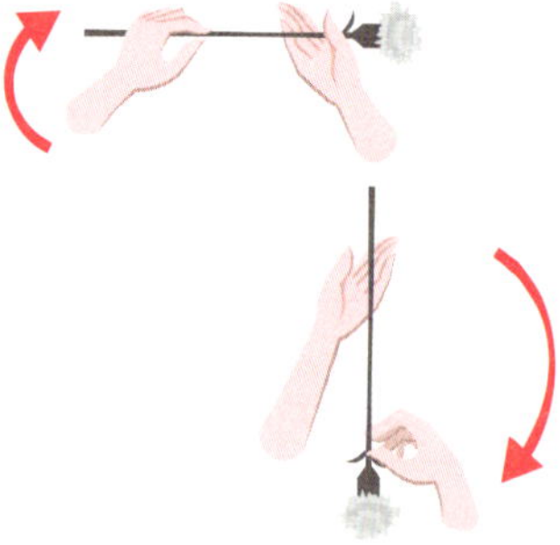

1 献花台に進み一礼する

↓

2 左手で花の根元を持ち右手は花の付け根に添える。時計回りに回して花が手前になるようにして献花台に供える

↓

3 黙祷して下がる

◆弔事での秘書の仕事 ★★★

●上司に知らせる

取引先からの連絡や新聞などで関係者の「訃報」を知ったら、次の情報を集めて上司に知らせ、必要であれば社内関係者にも知らせる。

point 知らせるべき情報

- 通夜の日時・場所
- 葬儀の形式（宗教）・日時・場所
- 逝去の日時
- 死因
- 喪主の、氏名・故人との続柄・住所・電話番号　など

●上司の指示を得て手配

秘書は上司の指示を仰ぎ、次のことを速やかに手配する。

- **弔電**：弔事の電報を「弔電」といい、上司が参列できない場合に打つ。電文・台紙・差出人（上司名か会社名か）は上司の意向に沿うようにする。上司の私的な弔電であれば、差出人名は上司の個人名で打てばよい。
- **供物・供花**：先方が断る場合もあるので、確認してから手配し、通夜の前日に届くようにする。
- **香典**：前例や社内規定に従い、香典を用意する。
- **スケジュール調整**：訃報は突然受けるものなので、スケジュール調整が必要となる。上司が参列できない場合は、部下や秘書が代理で参列することもある。

■一般的な弔電の文例

○○様（ご尊父《そんぷ》様＝父、ご母堂《ぼどう》様＝母、ご令室《れいしつ》様＝妻のこと）のご逝去を悼《いた》み、謹んでお悔《く》やみ申し上げます。

●弔事の服装

■通　夜

　喪服でなくてもよい。男性はダークスーツ。ネクタイと靴は黒にする。女性は地味なワンピースや黒かグレーなどのスーツ。

■葬儀・告別式

男性：正式にはモーニング。一般的には黒のスーツ。ネクタイ・靴・靴下・ポケットチーフは黒。ワイシャツは白。

女性：喪服または黒のスーツ。透ける素材は避ける。アクセサリーは結婚指輪と一連の真珠のネックレスは許される。靴・ハンドバッグは光沢のない黒にするが、ショルダーバッグは適さない。ストッキングも黒。

●上司の家族の訃報

①社内外への関係者に連絡

　上司や代理人の指示により、関係者に連絡する。

②休みの間の打ち合わせ

　家族の弔事では、上司はしばらく会社を休むこと（忌《き》引《びき》休《きゅう》暇《か》）になる。業務については、上司の代理人や部下と打ち合わせる。

③葬儀の手伝い

　頼まれて受付を担当することが多い。次のことに注意する。

上司の家族の葬儀で受付を担当する際の注意事項

- 上司の家族側として、会葬者に対応する。
- 会葬者には「会葬者芳名録」に記帳してもらう。
  名刺を出されたら丁寧に受け取る。
- 手伝いをした秘書も香典を出し、記帳する。
- 顔見知りに会っても、親しく話さず目礼程度にする。
- 受付で受け取った香典は、担当者に確実に渡す。
  弔電も同様だが、差出人や電文を確認する必要はない。

秘書が上司の代理で葬儀に参列する場合

やむを得ない事情で秘書が葬儀に代理参列する場合は、以下のことに気をつけましょう。

point **代理参列の注意点**

- 受付では、代理であることや上司が参列できない理由は言わなくてよい。
- 「このたびはご愁傷さまでした」「お悔やみ申し上げます」「ご霊前にお供えください」などと言って、香典を渡す。このとき、「心ばかりのものですが」「些少《さしょう》ながらお納めください」などは不適切。
- 記帳は上司名を書き、下に（代）と添える。
- 仏式の焼香は宗派により回数が違うが、会葬者が多ければ1回でよい。
- 遺族にあいさつに行ったり、声をかけたりしなくてよい。
- 顔見知りに会っても、目礼程度にする。
- 都合が悪ければ、最後の出棺（棺を葬儀場から送り出すこと）まで見送らなくてもよい。焼香がすめば、黙って帰ってよい。

※線香やろうそくの火は息を吹いて消さず、手であおいで消す。
※上司が葬儀に参列できない場合、弔電を打ち、香典に悔やみ状を添えて「現金書留封筒（p.137参照）」で一緒に送ることもある。

3 贈　答

◆目的に合わせた贈り物　★★★

上司から贈答の手配を指示されたら、目的・贈る相手との関係・相手の立場・予算などを考えて選びます。贈答品の知識をもつことも大切です。

■贈答の種類と贈る時期

御中元	一般的には7月初めから15日ごろ（1か月遅い地域もある）
暑中御見舞	中元の時期を過ぎてから立秋（8月8日ごろ）まで
残暑御見舞	暑中見舞の時期を過ぎてから8月末まで
御歳暮	12月初旬から年内だが、20日ごろまでが望ましい。御中元より重視される
御年賀	1月1日から7日（松の内という）ごろまで
寒中御見舞	1月8日から立春（2月4日ごろ）2月中旬は余寒御見舞
賀寿	数日前に、相手の好みに合うものを贈る
結婚祝	連絡を受けたら早めに贈る。相手の希望の品があれば尊重する。持参する時は吉日の午前中がよい。祝い金を贈ることも多い
結婚記念日	数日前に贈る。金婚式（50年）や銀婚式（25年）に人を招いてお祝いをすることが多い。ペアの品がよく贈られる
記念式典、落成式	招待状を受け取った場合はできるだけ早く返事を出し、お祝いの品を届ける。酒や花瓶などが多い

プラスα

御中元や御歳暮を贈るときは、デパートに配送を任せることが多いですが、その場合でもあいさつ状を添えます。別に送る場合は、品物が届くころにあいさつ状も届くようにし、品物より遅くならないようにします。また、御中元や御歳暮はお礼の気持ちなので、喪中であっても贈ることはかまいません。

■贈答品の例

上司の知人の店の改装・開店祝い	らんの鉢植え
社内のサッカー部の合宿の差し入れ	ビール券
上司が出張で世話になった取引先へのお礼	職場で分けられる菓子
選挙に当選した上司の知人に	お酒
結婚する職場の先輩の祝い	先輩の希望の品

●贈答品を受け取った場合の秘書の仕事

- ●上司に報告する
- ●礼状や返礼の必要があれば手配する。礼状はそのつど書いて出す
  御中元や御歳暮はそれ自体がお礼の意味で贈られるので、お礼の品は必要ない。ただし、お礼状は必ずすぐに出すこと
- ●届いた日、品物、贈り主の氏名・会社名・役職などを記録しておく

●病気お見舞い

- ●関係者の入院の連絡を受けたら、面会が可能かどうか家族に確認する
- ●見舞いに行く場合は、面会時間を確認して家族に伝えておくが、入院直後や手術の前後は避けるようにする
- ●長居をしない。大声で話さない。病気の原因など追究しない
- ●同室の患者にもあいさつする
- ●見舞いの品は、一般的には現金が喜ばれるが、目上には失礼とされる
- ●食べ物は病状により配慮が必要。健康食品などは不適切
- ●花は鉢植え（根付く→寝付く）や香りの強い花は避ける

■上司の指示で上司の部下のお見舞いに行くときの注意事項

- ●服装や化粧も派手すぎないようにする。香水や会社の制服はNG
- ●上司からのことづけを忘れないように伝える
- ●仕事のことには、必要以外はあまり話題にしないようにする

■上司の部下のお見舞い後、上司への報告内容

- 見舞った人の病状・様子
- 上司への伝言
- 出社の予定
- 頼まれた見舞いの品について。花なら種類や金額など

プラスα

上司（部長）の指示で課長の見舞いに行く場合、上司から頼まれた見舞いの金品以外に、秘書からの見舞いも用意しましょう。

4 上書き

◆現金の包み方 ★★★

現金を包む場合、慶事のときは「祝儀袋」、弔事のときは「不《ぶ》祝《しゅう》儀《ぎ》袋《ぶくろ》」を使います。最近では市販のものを使うのが一般的です。包む金額と袋がつりあうように気をつけましょう。

●包み方

- 慶事では新札を用意：おめでたいことは事前にわかっているので、新札を包むのが礼儀。反対に弔事の場合は準備していたようで失礼となる。弔事で新札しかない場合は、一度折り目をつけてから包むとよい。
- 中包みの表中央に金額、裏左側に住所・氏名を書く（下図参照）。
- 上書きは慶事は濃い墨を、弔事は薄い墨を使う。

中包みの表

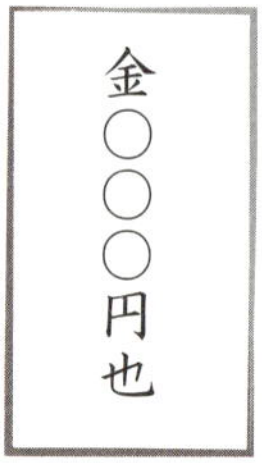

中包みの裏

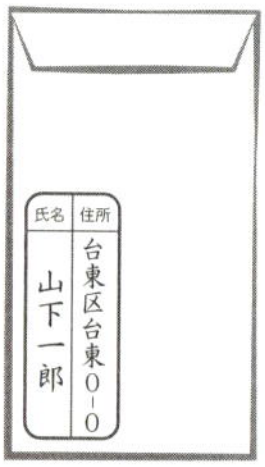

●水引の色と結び方

結婚祝い	紅白または金銀の結びきり
結婚以外の慶事	紅白の蝶結び
弔事	白か黒、または銀白の結びきり
病気見舞い	水引なしで上書きのみ

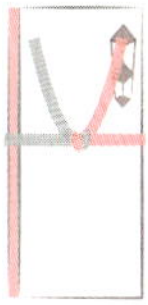

結びきり
婚礼用
祝儀袋

蝶結び
一般慶事用
祝儀袋

慶事：祝儀
は下を上に
かぶせる

結びきり
弔事用
不祝儀袋

弔事：不祝
儀は上を下
にかぶせる

◆上書きの種類 ★★★

祝儀袋や不祝儀袋の表に、何の用途で贈るのかを書くことが「上書き」です。

■慶　事

御祝	新築、開店、開業、栄転（昇進を伴う転任）、入学など慶事一般に使われる。○○御祝、御○○祝、祝御○○など、○○に慶事を入れればさらに気持ちが伝わる。新築御祝、御栄転祝、祝御開業　など
寿	結婚、出産、賀寿のお祝いとお返しに使われる。結婚の場合、結婚御祝、御結婚祝、祝御結婚、寿となる。出産も同様。賀寿《がじゅ》の場合は、70歳なら、祝古希、古希御祝、寿となる
内祝	慶事のお返しと病気全快のお礼、家内の慶事の配り物に使われる。病気全快のお礼は、快気祝、全快祝もある

■弔　事

御霊前*、御香典、御香料、御仏前	仏式の葬儀、告別式、法要
御霊前*、御玉串《おんたまぐし》料、御《お》榊《さかき》料、御神前	神式の葬儀、告別式、霊祭
御霊前*、御花料	キリスト教式の葬儀、追悼式、記念式
志、忌明	香典の返礼。四十九日が過ぎたころ喪主が返す
御《お》布《ふ》施《せ》	葬儀や法要での僧侶への返礼

*御霊前はどの宗教にも使えるので、葬儀の形式がわからないときに便利。ただし、袋に「蓮の花」が書かれていれば、仏式にしか使用できない。

■お見舞い

御見舞、祈御全快	病気、けが、入院のお見舞い
災害御見舞、震災御見舞、火災御見舞	○○御見舞とすればよい。近火御見舞（近所で火災があった）、類焼御見舞（よそからの火で被災）など
楽屋御見舞	習い事の発表会、舞台出演など
陣中御見舞	選挙事務所、合宿などへの労い。選挙なら祈御当選、試合前の合宿なら祈必勝などもよい

■その他

謝礼、御礼、薄謝《はくしゃ》	一般的なお礼。薄謝は金額が少ないという謙虚な気持ちを表す
寸《すん》志《し》	目下の人へのお礼。祝儀、不祝儀両方に使える
御車代、御車料	交通費という名目で渡すお礼
粗品	訪問時の手みやげ、景品。出張で世話になったお礼にも使える
御《お》餞別《せんべつ》、記念品	転勤、送別会の時。記念品は祝賀会の返礼にも使う
金一封	金額を明示しない、賞金や報奨金

御祝儀	慶事での心付け。チップ
御奉納	祭礼への寄付
贈呈、謹呈《きんてい》、献呈《けんてい》	会社や団体、個人に物を贈るとき。目上の人には、謹呈や献呈がよい。献上は最上級。寄付をするときは寄贈もよい
御《ご》酒肴料《しゅこうりょう》	差し入れとして贈る現金やビール券など
御年賀、御年始	年の初めのあいさつに持って行くとき

◆記名の仕方 ★★☆

贈り主を書くのが記名です。袋の表の水引の下にバランスよく書きます。

■記名のルール

記名には次のようなルールがあります。

①連名の場合：3名まで。4名以上の場合は代表者1名の氏名を中央に書き、左横に「他○名」と書き、別紙に全員の氏名を書いて中包みに入れる。

②あて名を書く場合：左上に。記名は左から上位になる（図1）。
あて名を書かない場合：記名は右から上位になる（図2）。

③会社名・肩書きを入れる場合：氏名の右に小さく入れる（図3）。

④部署で出す場合：「○○一同」とする（図4）。

⑤名刺を貼る場合：左下に貼る。仕事の関係者に贈る場合の略式。

図1

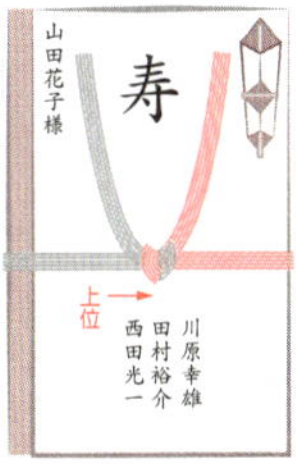

図2

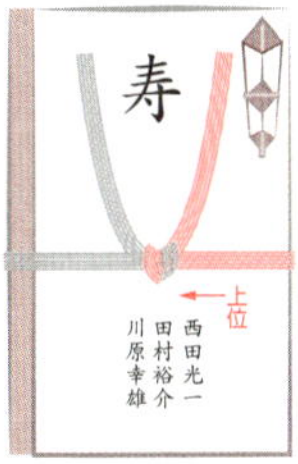

図3

図4

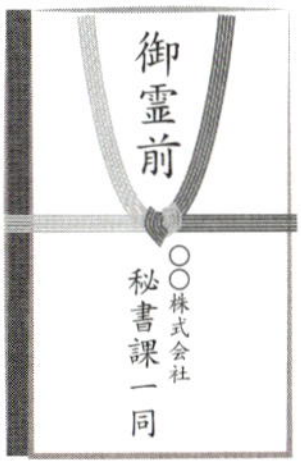

交際業務 対応問題

※p.90～107で取りあげていない事柄も出題しています。解きながら覚えましょう。

1 3級問題

秘書A子は上司から、「出張先の工場で大変お世話になったので、お礼に何か贈っておいてほしい」と指示された。次は、このときA子が上司に確認したことである。中から不適当と思われるものを一つ選べ。

① 予算はいくらか。
② 添え状はどうするか。
③ 上書きは何と書くか。
④ 先方の誰に贈るのか。
⑤ 先方の希望の品はあるか。

2 3級問題

部長秘書A子は上司から、「取引先の常務が入院したので見舞いに行く。何か見舞いの品を用意するように」と言われた。次はA子が考えた見舞いの品である。中から不適当と思われるものを一つ選べ。

① 花束
② 図書券
③ 健康食品
④ ギフト券
⑤ グラフ雑誌

3 3級問題

秘書A子は上司が急に通夜や葬儀に参列するときに困らないように、次のものを用意している。中から不適当と思われるものを一つ選べ。

① 数珠
② 不祝儀袋
③ 黒のネクタイ
④ 白のポケットチーフ
⑤ 不祝儀袋を包むふくさ（小さい方形の布）

解答解説

1 ⑤ この場合は、先方に希望の品を尋ねるようなケースではない。

2 ③ 健康食品は、病気によっては差し支えがあるので不適当。

間違えた人は見直そう！ p.103

3 ④ 弔事に白いポケットチーフはつけない。つけるなら黒。

間違えた人は見直そう！ p.100

4 2級問題

秘書A子は上司から、知人の家で告別式があるが参列できないので、わたしの名前で弔電を打っておいてほしいと指示された。次は、そのときA子が上司に確認したことである。中から不適当と思われるものを一つ選べ。

① 亡くなったのは誰か。
② 上司と知人との関係。
③ 弔電のあて先（住所・氏名）
④ 電文は一般的なものでよいか。
⑤ 台紙はどのような種類にするか。

5 2級問題

次のような場合、「お返しの上書き」は何が適当か。それぞれ（　）内に一つずつ漢字で答えなさい。

① 香典　　　（　　　　　）
② お祝い　　（　　　　　）
③ 病気見舞い（　　　　　）

6 2級問題

次は上司への中元が届いたときに秘書A子が記録していることである。中から不適当と思われるものを一つ選べ。

① 品物の種類
② 品物の購入先
③ 品物の推定価格
④ 品物が届いた日付
⑤ 贈り主の会社名・氏名

解答解説

4 ② 弔電を打つために②は必要ないこと。私事には深くかかわらない。

間違えた人は見直そう! p.99のpoint

5 ① 志／忌明　② 内祝　③ 快気祝／全快祝

間違えた人は見直そう! p.105～106

6 ② 記録する内容はお礼などの際に必要となること。②は関係ない。

間違えた人は見直そう! p.103

キティの「これで得点アップ↑↑」③

「マナー・接遇」では、**人間関係を良好に保つ気配り**を解説しました。「人づきあい」の第一歩は、難しいことではなく、**まずは「あいさつ」です**。基本は朝の「おはようございます」から。

そして、上司が出かけるときには、「行ってらっしゃいませ」。戻ったら、「お帰りなさいませ」「お疲れさまでございました」と労《ねぎら》いの言葉をかけましょう。先輩に仕事を助けてもらったら、「ありがとうございました。おかげさまで助かりました」と感謝の気持ちを伝えることも忘れずに。取引先には、「いつもお世話になっております」がよく使われますが、「いらっしゃいませ」「お待ちいたしておりました」なども使って、歓迎の気持ちを伝えましょう。小さな積み重ねが信頼関係を生み、トラブル発生時の解決にも役立ちます。

また、「すみません」も状況に応じて言葉を使い分けましょう。例えば、「申し訳ございません」「恐れいります」「恐縮ですが」「失礼いたしました」「お手数ですが」「ありがとうございます」など、適切なものを選ぶとより気持ちが伝わりますね。

ところで、秘書は上司に呼ばれて指示を受けることがよくありますが、忙しくてすぐに行けない場合もあります。そんなときは、「はい、少々お待ちいただけますか」と必ず上司のほうを向いて答えます。パソコンの画面を見つめたまま、声だけ返すのはいけません。遅れて上司の前に行ったら、まず「失礼いたしました」と言います。

指示を受け終わったら、「かしこまりました」「承知いたしました」とはっきり伝えます。**指示された仕事が終了したら、指示通りできているか確認してから上司に報告すると、仕事のもれが防げます**。長期間にわたる仕事は、**上司から尋ねられる前に進捗《しんちょく》状況＊を報告します**。上司もそんな秘書の気配りに満足することでしょう。

＊進捗状況：物事の進み具合のこと

第4章

技　能

✿試験の形式

選択式問題	8問出題	➡	目標正答数6問
記述式問題	2問出題	➡	すべて書くことを目標にする

✿この章で学ぶこと

- 会議の準備やビジネス文書作成、文書のファイリングやスケジュール管理など､効率的な事務処理の仕方を学ぶ領域です。
- 身近な郵便の知識から、職場ならではの秘文書の取り扱いまで、幅広く具体的、かつ適切な対応力が身につきます。
OA機器や事務用品・備品の名称も覚えましょう。

✿対策

- ビジネス文書とグラフは､記述問題での出題頻度が高いです。特にビジネス文書は社内文書から社交文書の慣用語句まで､内容も幅広いです。
- 覚えていれば正解できる領域ですから、テキストの赤字語句をしっかりチェックしておきましょう。

1 秘書と会議

出題傾向 3級では会議の通知状の記載内容や上司への確認事項などが出題。2級は会議用語や会議中の秘書の仕事に関する出題が多い。

1 会議を知る

◆会議の種類と用語 ★★☆

会社での会議は、仕事に必要なコミュニケーションを図るために開かれます。いろいろな会議の形式や名称、用語などを理解しておきましょう。

■株式会社の重要会議

株主総会	年1回以上の開催が商法で定められている。株主で構成され、会社運営の重要な意思を決める最高議決機関。取締役、監査役の選任や定款の改正・廃止、予算・決算の承認を行う
取締役会	法定会議。取締役で構成、株式会社の業務執行の意思決定をする
常務会	法定会議ではない。重役会などとも呼び、社長・副社長・専務・常務で構成され、会社運営の意思を決める

■会議の形式

円卓会議	上下・席次に関係なく、自由に話し合う会議。フリートーキングともいい、20人くらいが限度
パネル・ディスカッション	意見の違う数人のパネリストが、聴衆の前で議論をする討論会
シンポジウム	複数の専門家が、ある1つの問題について異なった立場で意見を述べ、聴衆からの質問に答える方式。学術会議に多い
フォーラム	公開討論会。1つの話題を参加者全員で意見交換する
バズ・セッション	ガヤガヤ会議。講義などのあとに、参加者が小グループに分かれて話し合い、その後グループの代表者が意見を発表

ブレーンストーミング	アイデア会議。参加者が自由にアイデアや意見を話してよい。他人が出したアイデアを批判してはいけない

■会議用語

招集	会議の関係者を招き集めること。国会の場合は召集
議案	会議で討論する事柄。多いときは「第１号議案」「第２号議案」と番号をつける。議案を会議にかけることを付議《ふぎ》という
定足数	会議成立に必要な最低人数
動議	会議中に予定議案以外の議題を口頭で提案すること
採決（議決）	挙手、起立、投票など議案の可否を決めること
委任状	会議を欠席する人が、出席する人を指名し、自分の議決権を任せる文書。委任状も出席者数として数える
諮問《しもん》・答申《とうしん》	上級者が下級者や識者に意見を求めることを諮問、その答えを答申という。諮問機関が答申を出す
分科会	全体を専門分野に分けて行う会議。小委員会
一時不再議の法則	一度会議で決まったことは、その会期中に二度と審議することはできないという原則のこと
キャスティングボート	議案の採決の際に、賛成・反対が同数になった場合、議長が投票することができる権利
オブザーバー	発言権はあるが、議決権はない傍聴人。後方の席に座る

2 秘書の仕事

◆上司の立場で秘書の仕事も変わる ★★★

会議は、社内会議か社外会議、また定例会議か臨時会議かなど目的もさまざまです。上司がメンバーとして出席する場合、秘書は出欠の返事をしてスケジュールを調整し、必要な会費・資料の準備、交通手段や宿泊の手配をします。上司主催の場合は、次のとおりです。

■会議の準備

1　参加者選出

上司の指示に基づき、参加予定者をリストアップし、了承を得る

↓

2　会場や会議室の選定と予約

❶上司の希望を確認：日時、場所（交通の便、人数に適した広さ）、機材・備品、会議後の予定（懇親会）、茶菓と食事の希望、予算など

❷社外会場の場合、会場側（複数）への確認項目：

・当日の空室状況
・部屋の広さ、飲食物などの料金
・希望の備品の設備状況
・正式な予約の期限
・担当者の氏名と連絡先

❸候補会場から上司が選定、秘書が秘書名で予約

社外会場の場合、出席者名簿を会場の担当者に渡す必要はない。出席者のおおよその人数を伝えればよい

↓

3　資料の準備

事前に配布する場合は、当日忘れた人のために予備を用意する。予備数は秘書の判断で決定

※資料をコピーして、ページ順にそろえることを「丁合《ちょうあい》をとる」という。横書きの資料をステープラ（ホッチキス。商標名はホチキス）でとじる場合は、左上をとじる。

↓

4　通知状作成送付

❶社外会議の場合：1か月前に文書で通知

❷社内会議の場合：電話や電子メールが一般的

❸通知状の記載項目：

・会議の名称
・開催日時（開始と終了予定時刻）・場所（会場名、地図、電話番号、会議室の階・名前・番号など）
・議題、出欠の連絡方法と締め切り日
・主催者名・担当者名と連絡先
・食事の有無
・その他（駐車場・資料・注意事項について）

※採決方法、席次、参加人数、会場の机の配置などは記載しなくてよい。

↓

5　出欠確認

❶期限を過ぎても返信がない場合、秘書が連絡して出欠の確認をとる

❷遠方からの参加者がいる場合は、宿泊の手配の有無を上司に確認する

↓

6　会議の応対準備

❶会議中の参加者への電話の取り次ぎや茶菓の種類・出す回数や時間帯を上司に確認
❷会議記録の有無を確認し、詳しく記録する場合は録音の準備をする。ただし、事前に、参加予定者に会議で発言する内容を聞いておくことは不適切

7　会場の準備（下図参照）

❶上司の希望や会議の内容に合うレイアウトをする
❷社外会議や講師を招いての研修会議では、名札を机上に置くか胸につける。席次は上司が決めるが、名札は秘書が用意。社内会議では不要
❸プロジェクター、マイクなどの機材に故障がないかチェック。消耗品にも注意

■円卓式

自由な雰囲気で話し合えるように、参加者（20人くらいまで）が机を囲むスタイル。机は丸か、四角い机を合わせる

■ロの字型

円卓式で人数が多くなったら、机を寄せて中をあけ、ロの字型にする

■コの字型

■V字型

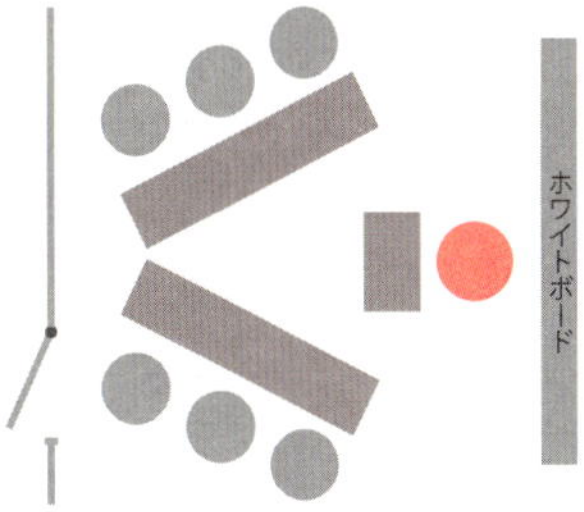

コの字型・V字型ともに研修会議でよく使われ、前にスクリーンなどを配置する場合、全員が見やすい型である。V字型よりコの字型のほうが多く着席できる

■教室型

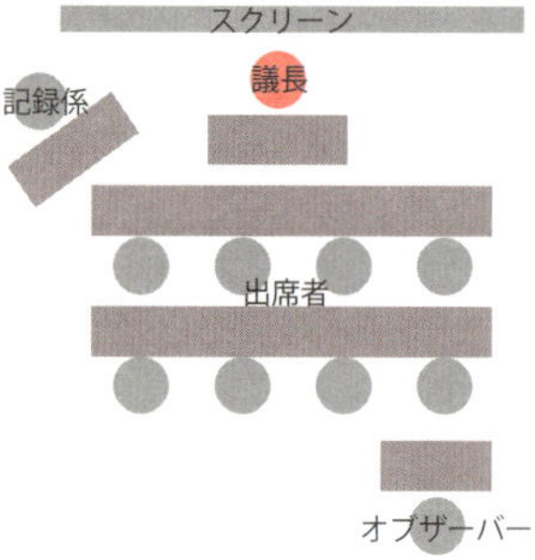

議事式ともいう。参加者が多いときや情報伝達を目的とする会議に適している。株主総会はこのスタイル

■会議当日の準備

1　出欠確認

❶参加者が多く配布資料がある場合は、入り口に受付を設置し、荷物やコートも預かる

❷参加予定者リストに基づき、出欠をチェック
開始時刻近くになったら、出欠状況を上司に報告し、まだ来ていない参加予定者には電話連絡する。参加者がそろっていない場合、進行するか否かの判断はあくまでも上司。また、「欠席する」と連絡があった参加予定者に、欠席理由は聞かない

❸遅延参加者も時間にかかわらず案内し、「急いで」などと言わない。その場合、後方のドアからノックはしないで入ってもらう

↓

2　会議中の接待

打ち合わせ通りに接待し、室温や換気など、環境にも配慮する

↓

3　電話取り次ぎ

会議中の電話の取り次ぎで、参加者に伝える場合は必ずメモで行う。小声でも口頭はNG。ただし、会議直前なら口頭でもよい。参加者へ連絡した内容を議長や司会者には伝えなくてよい

↓

4　議事録

❶議事録が必要なら記録し、記録者は、発言者の顔がよくわかる席に座る

❷録音しても要点はメモにとる

↓

❸議事録の記載項目：

- 会議名
- 日時・場所
- 主催者名
- 議長名、司会者名
- 出席者名と数、欠席者名（欠席理由は不要）
- 議題、発言者と発言内容（内容が不明な点は、会議終了後に発言者に確認）
- 決定事項と結論、議事録作成者名

5　会議終了

会議終了予定時刻になっても、上司に知らせる必要はない。会議の進行に秘書は口出ししない

■会議終了後

参加者へ	●必要な人に車の手配をする 会議中に受けた伝言があれば、参加者に忘れず伝える ●受付で預かった物は、確実に本人に返す
会場片づけ	●会議室内や周辺に忘れ物がないかしっかりチェック ●必要であればレイアウトを元に戻し、備品を整理。エアコンや照明を切り、コップなども片づけて鍵を閉める
管理者へ	●会議室の管理担当者に会議終了を報告 ●社外会場であれば、必要に応じて費用を精算

ケーススタディ

Q1 秘書A子は上司主催の会議で昼食に弁当を手配した。昼食の時間になり、準備もできたが会議は白熱した議論を展開している。A子はどうすればよいか。

A1 上司に「食事の準備はできているので、都合のよいタイミングで指示してほしい」と書いたメモを渡す。

なぜ？ お茶ならかまいませんが、食事は会議を中断させてしまいます。予定の時間になったからと弁当を配るのは、配慮に欠けることになります。

秘書と会議 対応問題

※p.112～117で取りあげていない事柄も出題しています。解きながら覚えましょう。

1 3級問題

次の「　」内は、どの会議の説明か。適当と思われるものを一つ選べ。
「参加者が自由にアイデアを出し合う会議。他人のアイデアを批判しない」

① 円卓会議
② シンポジウム
③ バズ・セッション
④ パネル・ディスカッション
⑤ ブレーンストーミング

2 3級問題

次は秘書A子が、上司主催の社外会議の準備をするときに、日時以外に上司に確認したことである。中から不適当と思われるものを一つ選べ。

① 茶菓のサービス
② テーブルの配置
③ 必要な資料や機器
④ 会議室の予約をする日
⑤ 出席者のおおよその人数

3 3級問題

次は秘書A子が、上司主催の社外会議の通知状に書いた項目である。中から不適当と思われるものを一つ選べ。

① 会議の議題
② 会議の名称
③ 開催日時と場所
④ 出欠の連絡方法
⑤ 通知状作成者名

解答解説

1 ⑤ アイデア収集が目的の会議。略して「ブレスト」という。

間違えた人は見直そう！ p.112～113

2 ④ 会議室などの予約は早くしないととれないこともある。日時やおおよその出席人数がわかったら、すぐに予約をすればよい。

間違えた人は見直そう！ p.114～115

3 ⑤ 通知状作成者名は、会議の開催に関係ないので書かなくてよい。

間違えた人は見直そう！ p.114

4 2級問題

次は上司主催の全国支店長会議で、秘書A子が準備で確認したことや当日行ったことである。中から不適当と思われるものを一つ選べ。

① 開始直前になっても来ていない出席予定者には、確認の連絡をした。
② 遅れて来た人を案内するとき、後方のドアをノックしないで開けた。
③ 昼食の弁当の数の変更はいつまでなら可能か、注文する店に確認した。
④ S支店は副支店長が代理で来たので、急いで机上の名札を作り交換した。
⑤ 事前に配付する資料は、欠席予定のM支店長にも送ったほうがよいかと上司に尋ねた。

5 2級問題

次は秘書A子が上司主催の社外会議の予約の際に、会場側に連絡した内容である。中から不適当と思われるものを一つ選べ。

① 参加予定者の名簿
② テーブルの配置図
③ 会場に掲示する会議名
④ 希望の茶菓と出す時刻
⑤ 日時と参加予定者数

解答解説

4 ⑤ 欠席でもM支店長はこの会議のメンバー。事前配布の資料は出席者同様送るので、上司に聞く必要はない。当日配布の資料なら会議終了後に送ればよい。

間違えた人は見直そう！ p.115～116

5 ① 会場側が予約を受ける際、参加予定者数がわかれば準備はできる。参加予定者の名簿は不必要である。

間違えた人は見直そう！ p.114

2 ビジネス文書作成

出題傾向 2・3級ともに、頭語と結語の組み合わせ、時候のあいさつなどが出題される。慣用語句は記述問題対応のため、漢字も必須！

1 社内文書

◆種類と特徴 ★★★

ビジネス文書の中でも、社内で伝達のために作成される文書が「社内文書」です。よく使う文書はフォーム化しておくと便利です。

■社内文書の種類

稟議書《りんぎしょ》	案件を関係者に回して承認してもらい、決定権のある上位者の決裁＊、承認を得るための文書。回議書も同じ
報告書	業務の経過や結果を報告する文書。日報、月報、出張報告書
案内文	お知らせ。強制力はない。健康診断、社員研修などの案内
通達	上層部からの命令、指示や規定に近いもの。単なる通知もある
進退《しんたい》伺《うかがい》	職務で過失があったとき、進退＊の決定を上司に求める文書
伺い書	上司の指示を求める文書
回覧《かいらん》文書	文書に書かれている部署（人）に順番に回す。読んだら印を押して次に回す文書

＊決裁：権限のある人が案の可否を決めること。　＊進退：職務上の身の処置のこと。

point 社内文書の書き方

❶文書は横書きで書く
❷文体は「〜です」「〜ます」にする
❸１文書には、１用件のみ書く
❹内容は主旨を簡潔、明瞭に書く
❺番号、金額、数量はアラビア数字（算用数字ともいう）で表す

※横書きの場合、アラビア数字を使うのが原則だが、５億2,000万のように漢数字（兆、億、万）を組み合わせてもよい。

❻漢数字は次のような場合に使用する

・固有名詞：六本木、四国　　・概数：数十人、四、五日

・数量的な意味が薄い場合：一般、四季、第一印象、第三者　など

・成語：二人三脚、五里霧中、四苦八苦　など

・ひと、ふた、み、と読むもの：一言、二人、三つ子　など

■社内文書例

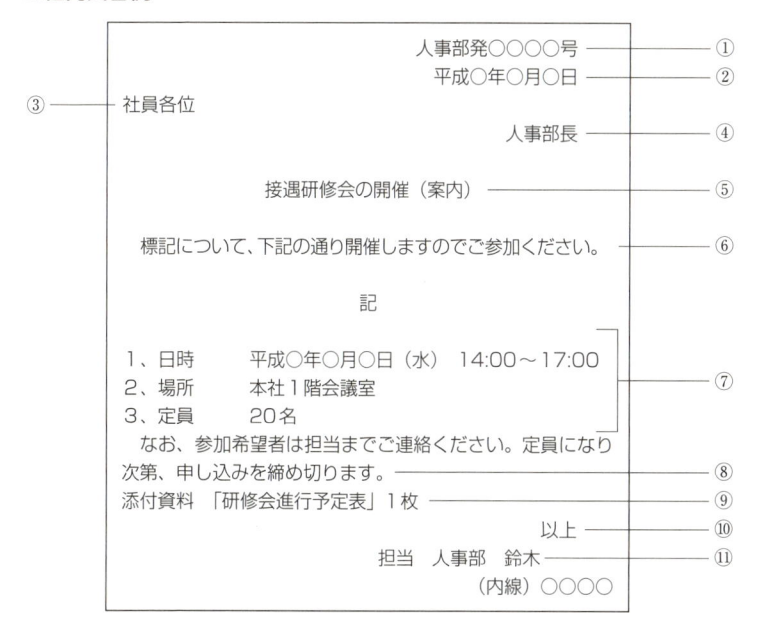

人事部発○○○○号 ―― ①

平成○年○月○日 ―― ②

③ ―― 社員各位

人事部長 ―― ④

接遇研修会の開催（案内） ―― ⑤

標記について、下記の通り開催しますのでご参加ください。 ―― ⑥

記

1、日時　　平成○年○月○日（水）　14:00～17:00

2、場所　　本社1階会議室

3、定員　　20名 ―― ⑦

なお、参加希望者は担当までご連絡ください。定員になり次第、申し込みを締め切ります。 ―― ⑧

添付資料　「研修会進行予定表」1枚 ―― ⑨

以上 ―― ⑩

担当　人事部　鈴木 ―― ⑪

（内線）○○○○

①文書番号：簡単な文書にはつけない

②発信日付：年号が一般的。西暦でもよい。文書を発信する日付を書く
社内文書なら、H24.6.20、平24.6.20、2012.6.20なども可

③受信者名：社員各位の「各位」は、同じ文を大勢の人に発信するときに使う敬称
一般的には役職名（経理部長殿など）だけを書く

④発信者名：個人名ではなく、発信する組織の責任者を役職名で書く

⑤標題：本文の内容がわかるように簡潔に書く。後ろにその文章の種類をつける

⑥本文：「標記（標題に書いてあること）について」などとする

⑦記：日時、場所など情報を書く　　⑧追記：注意事項や補足内容を書く

⑨添付資料：資料があれば書く　　⑩以上：情報を書き終えたあとに必ず書く

⑪担当者名、連絡先を⑩の下に書く。発信者とは異なるので要注意

2 社外文書と社交文書

◆社外文書の種類と特徴 ★★★

会社と会社の商取引に使われる正式な文書が「社外文書」です。社内文書と違い、慣用表現が多く非常に丁寧です。

■社外文書の種類

案内状	催し物のお知らせ。「新商品発表会」など
通知状	情報を知らせる文書。会議の開催、事務所の移転など
照会状	在庫など問い合わせの文書。これに対する回答の文書が回答状
依頼状	お願いをする文書。送付、調査など
督促状《とくそく》	約束が守られない場合、先方に催促する文書
念書《ねんしょ》	後日の証拠として念のため書き、互いに相手に渡しておく文書
趣意書《しゅいしょ》	会社や団体を設立するとき、その目的や考え方を述べた文書

※そのほか「委任状」「抗議状」「わび状」「苦情状」「承諾状」などがある。

■社外文書の書き方

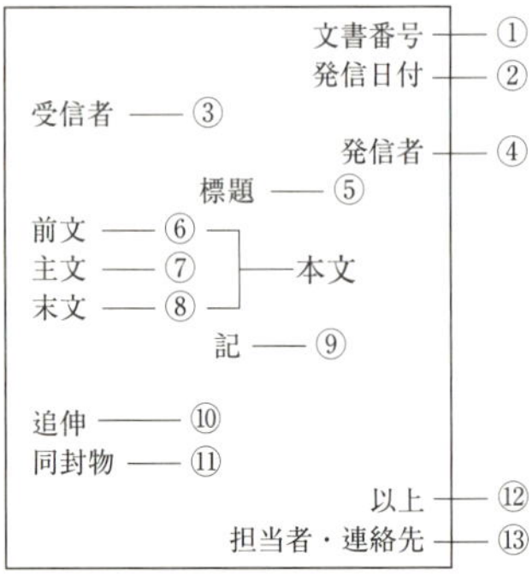

①②社内文書①②と同じ

③会社名、役職など、略さず正確に書く

④受信者と同格の役職の人にするのがマナー。文書作成した本人でなくてもよく、末尾に社印か個人印を押す

⑤標題：文書の主旨を簡潔に書く

⑥前文：「頭語」（→p.124）から始まり、1文字あけて時候のあいさつ、相手の健康や繁栄を祝う言葉と謝意を述べる

⑦主文：前文から行をかえ1文字あけ「さて」から始まる。途中行をかえ1文字あけ「つきましては」で結論を述べることが多い

⑧末文：締めくくりのあいさつ。主文から行をかえ1文字あけて「まずは」で書き始めるのが一般的。頭語に対応する「結語」を書く（→p.124）

⑨社内文書⑦と同じ　⑩社内文書⑧と同じ

⑪同封物：地図や資料など、同封する場合に書く　⑫社内文書⑩と同じ

⑬担当者・連絡先：発信者と担当者が異なる場合に書く

■敬称について

官公庁や会社など団体あて	御　中	「○○株式会社人事部御中」
役職名のみの個人あて	殿（様）	「人事部長殿（様）」
役職名をつけた個人あて	様（殿）	「人事部長田中二郎様（殿）」
恩師あて	先　生	「山田太郎先生」
複数あて	各　位	「株主各位」

※「各位」は敬称なので「各位様」は間違い。郵便のあて名には使わない。

■物品購入時の書類名

見積書	購入前に、希望購入品目の値段を知るための書類
納品書	購入品を受け取る際、内容確認するための書類
請求書	購入品の代金支払いを求められる書類
領収書	購入品の代金を支払ったときに証拠として受け取る書類

◆社交文書の種類と特徴　★★★

「社交文書」はおつきあいの文書です。会社同士の関係をよりよくするための文書で、出すタイミングが大切です。

■社交文書の種類

紹介状	人を紹介するための文書。封筒に入れるが封はしない。目下にあてるときは、名刺に書くこともある
あいさつ状	新社屋完成、会長や社長の就任など儀礼的な文書。社長交代などのあいさつ状は、前任者と後任者が一緒にする
祝い状	個人や会社などの慶事に対してお祝いの気持ちを伝える文書
招待状	式典やパーティーへ招待する文書。費用は招待する側がもつ
案内状	式典やパーティーの開催を知らせ、参加を促す文書。費用は会費として参加者が支払う
見舞状	先方の病気や災害を見舞う文書。被災を知ったらすぐに出す。前文は省略して主文から始める。暑中見舞や寒中見舞も見舞状
悔やみ状	先方の弔事の際に、直接弔意を述べることができない場合に書く文書。前文は省きすぐに主文に入る

point 社交文書の書き方

- 縦書きの場合が多い
- 「文書番号」「標題」は省略する
- 格式の高い文書には句読点をつけない
- 慶事の文書では日付を「平成 ○年 ○月 吉日」とすることが多い
- 礼状、悔やみ状、見舞状は手書きにする
- 礼状は、相手と内容により、はがきか封書どちらかにする
- 悔やみ状は「忌言葉」に注意。「重ね重ね」「再び」「返す返す」など
- 秘書が上司の代筆をした文書でも、代筆者名は書かない

3 ビジネス文書の慣用語句

◆慣用語句の使い方 ★★★

社外文書や社交文書では手紙文特有の言葉遣いをします。それを慣用語句といいます。

■頭語と結語の組み合わせ

用途	頭語	結語
一般的な文書	拝啓《はいけい》	敬具《けいぐ》
返信の場合	拝復《はいふく》	敬具
改まった場合	謹啓《きんけい》	敬具・敬白《けいはく》
急ぐ場合	急啓《きゅうけい》	草々《そうそう》
前文を省略する場合	前略《ぜんりゃく》	草々

■頭語と結語の意味

拝啓、謹啓	謹《つつし》んで申し上げます
前略	前文を省略しました。前文（頭語、時候のあいさつ、相手の健康や繁栄を祝う言葉、感謝の気持ち）を書かないということ
草々	走り書きで丁寧に書けずに、申し訳ありませんでした

急啓	急いで申し上げます。前略と同じで、前文を省く
拝復	謹んでお返事いたします
敬具、敬白	謹んで申し上げました

■時候のあいさつ

月によってあいさつが変わります。漢字も覚えましょう。

1月	厳寒《げんかん》の候、新春の候、初春の候
2月	余寒《よかん》の候、向春《こうしゅん》の候
3月	早春の候、春寒《しゅんかん》の候
4月	春暖《しゅんだん》の候、陽春の候
5月	新緑の候、薫風《くんぷう》の候
6月	向暑《こうしょ》の候、梅雨の候、麦秋の候
7月	盛夏の候、猛暑の候
8月	残暑の候、晩夏《ばんか》の候
9月	新秋の候、初秋の候
10月	紅葉の候、仲秋《ちゅうしゅう》の候、秋冷の候
11月	晩秋の候、向寒《こうかん》の候
12月	師走の候、歳晩《さいばん》の候、初冬の候

■先方の健康や繁栄を祝う言葉

団体あての文書の場合	発展、繁栄、隆盛《りゅうせい》など、ますます盛んであることを祝う	●貴社（貴店、貴行）ますますご発展（ご繁栄、ご隆盛）のこととお喜び申し上げます ●時下《じか》ますますご発展（ご繁栄、ご隆盛）のこととお喜び申し上げます ※時下：「このごろ」という意味で、時候のあいさつの代わりに一年中使え、やや事務的

個人あての文書の場合	健勝《けんしょう》、清祥《せいしょう》など、健康で元気なことを祝う言葉	●貴殿におかれましては、ご健勝（ご清祥）のこととお喜び申し上げます ●時下ますますご清祥（ご健勝）のこととお喜び申し上げます

■**感謝の気持ち**

- 格別（特別）のご厚情（ご親切）を賜り（いただき）、ありがとうございます
- 平素は（普段は）格別のお引き立てにあずかり（引き立てていただき）、厚く（深く）御礼申し上げます

■**末文**（最後の締めくくりのあいさつ）

本来は出向いてあいさつすべき場合	まずは（何はともあれ）略儀ながら（略式ですが）、書中をもって（手紙で）ごあいさつ申し上げます
用件をまとめる場合	●取り急ぎ（急いで）、用件のみ申し述べました ●まずは、とりあえず、ご連絡申し上げます ※取りも直さずはNG!

■**自分側と相手側の言葉の使い分け**

文書でも、自分側は謙譲表現、相手側は尊敬表現で書くようにします。

	相手側（尊敬表現）	自分側（謙譲表現）
本人	貴殿・○○様	わたくし
会社・組織	貴社・御社・貴店・貴行	当社・弊社・当店・当行
住居	貴家《きか》・御宅	拙宅《せったく》・小宅
物品	佳品《かひん》・結構なお品	粗品・寸志
手紙	お手紙・ご書面	手紙・書中・書面
意見	貴見・ご意見・ご高見	私見・愚見
配慮・気持ち	ご配慮・ご高配・ご厚情	配慮・微意・薄志

援受	ご査収《さしゅう》・ご笑納《しょうのう》	拝受《はいじゅ》・頂戴《ちょうだい》
訪問	ご来臨《らいりん》	参上《さんじょう》・お伺い
見る	ご高覧・ご一覧	拝見・拝読
父	ご尊父《そんぷ》様・お父上様	父
母	ご母堂《ぼどう》様・お母上様	母
息子	ご子息様・ご令息様	息子・愚息《ぐそく》
娘	ご令嬢様・ご息女様・お嬢様	娘
家族	ご一同様・ご家族様	家族一同・家内一同

■よく使う慣用語句

語　句	意味・内容
ご査収ください	（書類などを）調べて受け取ってください
拝受いたしました	（書類などを）受け取りました
粗品でございますが、ご笑納ください	（物を贈るときに）つまらないものですが、笑って納めてください
より一層（倍旧《ばいきゅう》）のご指導（ご愛顧）を賜りますよう	今まで以上に引き立ててもらえるよう
微力ながら、精励《せいれい》いたす所存でございます	わずかな力だが、努め励むつもりです
このたびはご栄転の由、	こんどは栄転とのことだそうで
頂戴したお手紙は拝見（拝読）いたしました	もらった手紙は読みました
他事ながら、ご放念ください	あなたには関係ないことですが、気にしないでください
鋭意《えいい》努力する所存でございます	一生懸命がんばるつもりです

ご容赦《ようしゃ》ください	許してください
ご引見《いんけん》ください	会ってください
委細《いさい》は、拝眉《はいび》（拝顔《はいがん》）の上、申し上げます	詳しいことは、会ってから話します
万障《ばんしょう》お繰り合わせの上、なにとぞ　ご来臨《らいりん》（ご列席、ご来駕《らいが》）賜りますよう	支障があっても都合をつけて、なんとか　出席してもらえるよう
ご返信いただければ、幸甚《こうじん》に存じます	返事をもらえれば　うれしく思います
時節柄　ご自愛　専一《せんいつ》にお願い申し上げます	時期が時期だから、自分自身を大切にすることに専念してください
ご高見（貴見）を拝聴したい	あなたの意見を聞きたい
末筆ながら、ご一同様（皆様）のご多幸を　お祈り申し上げます	最後になるが、皆さんの幸せを祈ります

ケーススタディ

Q1　秘書Ａ子は上司から取引先に年賀状を出すようにと言われた。日付は何と書けばよいか。

A1　「平成 ○年　元旦」でよい。

なぜ？　元旦は１月１日（または１月１日の朝）をさすので、「平成 ○年１月元旦」は間違いです。同様に、お中元の添え状などに「平成○年　７月盛夏」も間違いで、「平成○年　盛夏」とします。

■転任のあいさつ状の文例　★★★

拝啓　向暑の候、貴殿ますますご健勝のこととお喜び申し上げます。

さて、私こと、このたび福岡支店勤務を命じられました。東京本社在勤中は、公私共にひとかたならぬご厚情を賜り、厚く御礼申し上げます。

なお、後任として田中一郎が就任いたしますので、私同様、ご支援を賜りますようお願い申し上げます。

まずは、略儀ながら書中をもってごあいさつ申し上げます。　敬具

4 メモの書き方

◆種類と留意点 ★★☆

メモとはメモランダムの略で、忘れないように書きとめること。メモは正式な文書ではありませんが、秘書の日常業務に必要不可欠です。念のため、メモは使い終わってもしばらくは保管しておきましょう。

■メモの種類

覚えておくためのメモ	上司の指示を受けるときに書くメモ。5W2Hに基き、要点を書きとめ復唱して確認する。メモしたものを上司に見せて確認してもらうことはない。ほかには、名刺の裏などにその人の特徴や飲み物の好み、訪問日などを書いておくメモがある
伝言メモ	上司の不在時に受けた電話や訪問客の伝言メモ。メモは上司の机上に置き、上司が戻ったら口頭でも報告して指示を受ける
上司の口述筆記	上司の話を聞きながら要点を考えメモし、復唱して間違いがないか確認する。同音異義語*に注意。ただし正式な文書ではない
報告事項メモ	上司への報告事項が複雑な場合など、口頭の報告とあわせて報告事項をメモして渡す

*同音異義語：音が同じ別の意味の言葉。移動と異動、紹介と照会などをさす。

■伝言メモの書き方

電話の伝言メモには、誰あての電話か、相手の会社名と氏名、用件、誰が受けたのか、電話を受けた時間などを書きます。電話を受けた時間とは、電話を切った時間です。

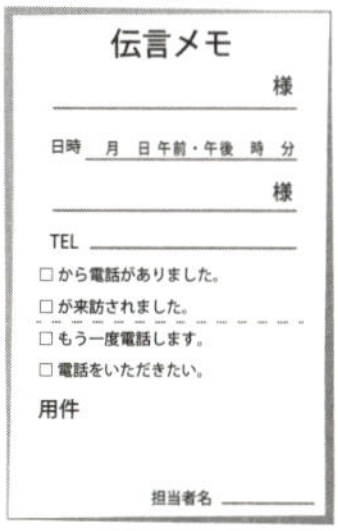
伝言メモ
様
日時 月 日 午前・午後 時 分
様
TEL
□ から電話がありました。
□ が来訪されました。
□ もう一度電話します。
□ 電話をいただきたい。
用件
担当者名

5 グラフ

◆適切なグラフを選ぶ ★★☆

データに合う、正確なグラフの作成方法を身につけておきましょう。

■グラフの種類と特徴

円グラフ	円全体を100%とし、構成項目の比率を扇形の大きさで表すグラフ。パイチャート、パイグラフともいう
帯グラフ	帯全体の長さを100%とし、構成項目の比率を長方形の面積で表すグラフ。同じ項目をさらに年度別、地域別などで比較する
折れ線グラフ	時間の変化による数量の推移を表すグラフ
棒グラフ	生産高や人数など、数の大小を比較するときに使う

◆グラフの注意点と作り方 ★★☆

グラフには必ずタイトル、調査年月日を書きます。ほかの資料を参考に作成する場合は、引用資料や調査機関も記入し、構成要素・単位も忘れないようにしましょう。

■円グラフ

❶円を書いて基線を引く。
❷構成項目の比率を角度に換算する（パーセンテージ×3.6）。
❸比率の大きい項目から、右回りに書く。
❹「その他」は比率に関係なく最後に書く。
❺構成要素（製品Aなど）と比率（○%）を書き入れる。ただし、アンケート調査などの結果は、比率に関係なく「非常に満足」「満足」「不満」「非常に不満」「どちらともいえない」などの順に書く。
❻タイトルは円の中に入れても、円の上に書いてもよい。

〈製品別売上高構成〉

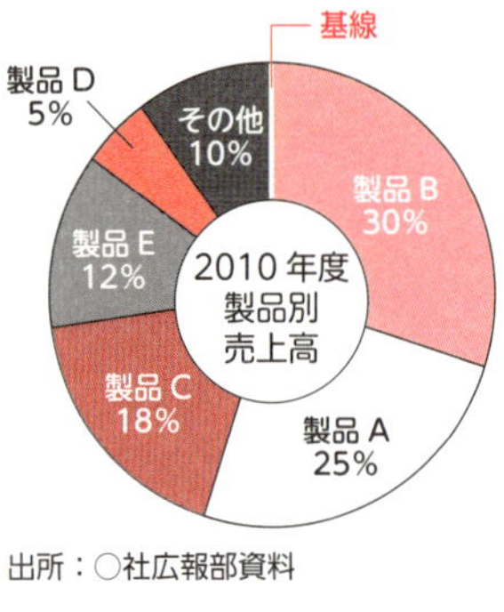

出所：○社広報部資料

■帯グラフ

〈2010 年度と 11 年度上期の売上構成比〉

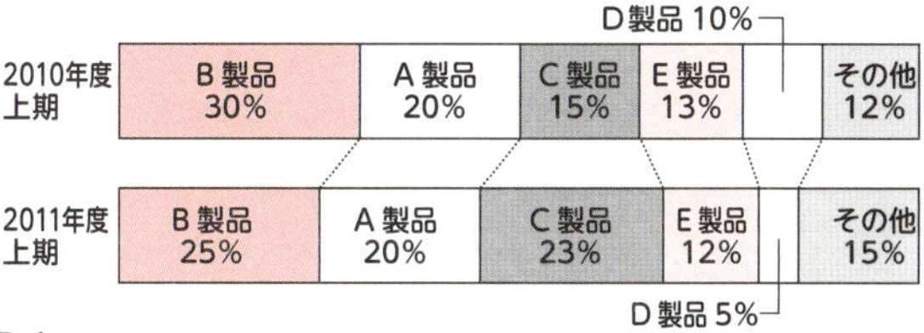

❶構成項目の比率を帯の長さに換算する。
❷左から、構成項目の比率の大きい順に書く。
❸構成要素と比率を書く。
❹「その他」は比率に関係なく最後に書く。
❺複数の帯グラフを比較するときは、比率が変わっても最初に並べた構成項目順に書く。

■折れ線グラフ

❶基底を書く。
❷時間の推移は左から右へ進むように目盛を書く。
❸折れ線の上端が数値を示すように書く。
❹中断記号を使ってよい。
❺折れ線が2本以上になる場合は、実線と点線などのようにわかりやすくする。
❻単位を忘れずに記入する。

〈製品別販売実数の推移〉

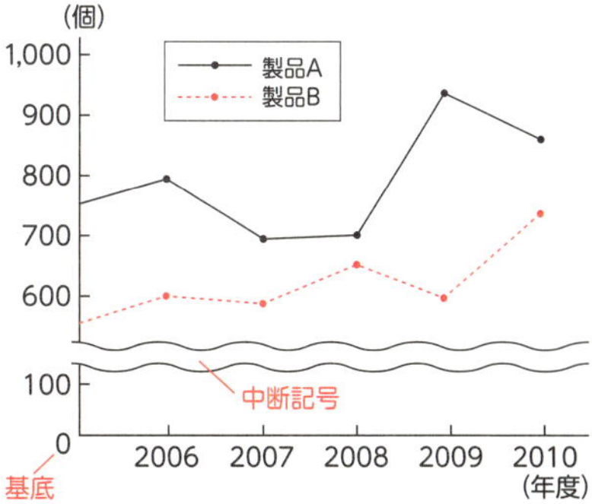

■棒グラフ

❶基底を書く。
❷棒の幅は同じにする。
❸棒が極端に長い場合は、中断記号を使うか、2本にする。
❹構成要素を組み合わせて表す場合は、色分けなどして前後にずらすが、常に短い方を手前にする。

〈製品別販売実数の年度比較〉

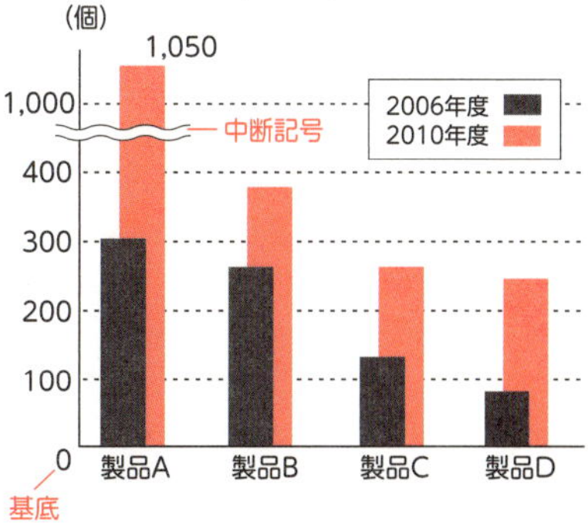

ビジネス文書作成 対応問題

※p.120～131で取りあげていない事柄も出題しています。解きながら覚えましょう。

1 3級問題

次は社内文書の書き方である。中から適当と思われるものを一つ選べ。

① 必ず「以上」を書く。
② 担当者は記名、押印する。
③ 発信日付の年号は省略する。
④ 頭語や時候のあいさつも書く。
⑤ 縦書きでなるべく箇条書きにする。

2 3級問題

次のあて名につける敬称を、一つだけ漢字で答えなさい。

① 役職名のみのあて名
② 官公庁・会社などの団体名
③ 個人名のあて名
④ 同じ文章を多くの人にあてる場合

3 3級問題

次の手紙文のカタカナ部分を漢字に直しなさい。

① ヘイソ は 格別の ごコウハイ を賜り、厚く御礼申し上げます。
② マッピツ ながら キシャ のますますのご発展をお祈り申し上げます。
③ まずは リャクギ ながら ショチュウ をもって御礼申し上げます。
④ このたびは ケッコウ なお品を ごケイゾウ くださり厚く御礼申し上げます。

解答解説

1 ① ②担当者の押印は不要。③年号も必ず書く。④頭語や時候のあいさつは書かない。⑤横書きにする。

間違えた人は見直そう！ p.120～121のpoint

2 ① 殿／様 ② 御中 ③ 様／殿 ④ 各位

間違えた人は見直そう！ p.123

3 ①ヘイソ＝平素 コウハイ＝高配 ②マッピツ＝末筆 キシャ＝貴社
③リャクギ＝略儀 ショチュウ＝書中 ④ケッコウ＝結構 ケイゾウ＝恵贈

間違えた人は見直そう！ p.127～128

4 2級問題

　次は、手紙で使われる頭語と結語の組み合わせである。中から不適当と思われるものを一つ選べ。

① 拝啓 ― 敬具　② 前略 ― 草々　③ 急啓 ― 敬白
④ 拝復 ― 敬具　⑤ 謹啓 ― 敬白

5 2級問題

　次の下線部分は、秘書A子が横書き文書の中で書いた数字である。中から不適当と思われるものを一つ選べ。

① 秘書の第一印象は大切です。
② 旅行の参加予定人数は数十人です。
③ もう一度お越しください。
④ 出張は二、三日の予定です。
⑤ 同窓会の会費は5千円です。

6 2級問題

　手紙の慣用語句の「ご休心ください」とは、どういう意味か。次の中から適当と思われるものを一つ選べ。

① お許しください
② 安心してください
③ 気にしないでください
④ 笑って納めてください
⑤ お体にお気をつけください

解答解説

4 ③ 「急啓」は「前略」と同様、前文は省略するので結語は「草々」。

間違えた人は見直そう! p.124

5 ⑤ 「5,000円」と書く。横書きでは、数字はアラビア数字を使うので不適当。数量的な意味が薄い①③、概数②④は漢数字を使う。

間違えた人は見直そう! p.120～121のpoint

6 ② ①は「ご容赦ください」、③は「ご放念ください」、④は「ご笑納ください」、⑤は「ご自愛ください」となる。

間違えた人は見直そう! p.127～128

3 文書取り扱い

出題傾向 3級ではファックスの送信の仕方、2級では電子メールの使い方や書留の種類、送り方などが出題される。

1 郵便物の基礎知識

◆種類と注意点 ★★★

文書を送付することが多い秘書には郵便物の知識も必要です。郵便物には大きく分けて第2種郵便物（はがき）と第1種郵便物（封書）、ゆうメールに分けられます。常に最新の情報収集に努め、確実に先方に届けるための適切な手段を選びます。

point はがきについて

- はがきは第2種郵便物
- はがきには、私製はがきと官製はがきの2種類がある
- 官製はがきには通常はがきと往復はがきがあり、料金を表す料額印面が印刷されているので切手は不要。往復はがきは「往」で通知をし、「復」で返事をもらう。切り離せば通常はがきとしても使える
- 私製はがきは切手を貼らないと使えない
- 裏面に通信文を書くが、あて先がわかれば表面の下半分にも書ける
- はがきのサイズ内で、重さが6gまでなら、シールや薄紙を貼れる

■往復・返信はがきの書き方

さまざまな招待状などに使われる往復はがきや、封書に同封される返信用はがきには、一言添えるようにしましょう。

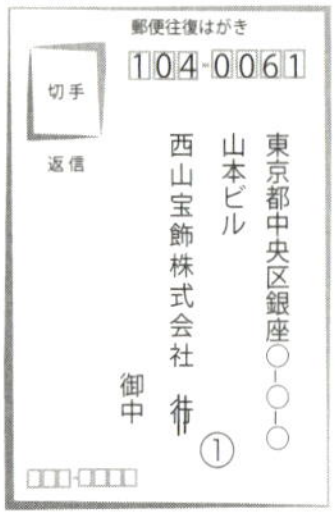

往復はがき返信用（表）

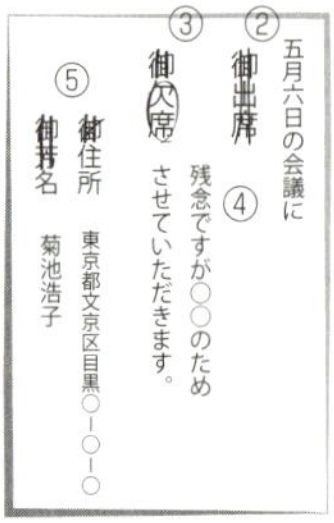

往復はがき返信用（裏）

①表面のあて名の敬称は「行」を定規を使い2重線で消し、団体・部署あてなら「御中」、個人あてなら「様」とする
②裏面は、「御出席」「御欠席」は該当しないほうを2重線で消す
③該当するほうは「御」のみ2重線で消し、さらに丸で囲んでもよい
出席するなら「出席」の下に、「いたします」と書き添える。祝賀会など慶事なら、「喜んで出席させていただきます」などとする
④「欠席」の場合は、「残念ながら、○○のため欠席させていただきます」などと書き添える。欠席理由は、「出張」「所用」「外せない先約」「よんどころない仕事」など。「時間がない」「忙しい」はNG
⑤「御住所」の「御」、「御芳名*」の「御芳」を2重線で消し、住所と氏名を書く

＊芳名《ほうめい》：他人の名の敬称。

■封書*について

定形郵便物	長辺14～23.5㎝、短辺9～12㎝、厚さ1㎝以内で、重さが50g（25gまでは80円切手、50gまでは90円切手を貼る）以内のもの
定形外郵便物	定形郵便物のサイズ以外のもの。ただし、定形郵便物サイズでも50gを超えると定形外となる
郵便書簡（ミニレター）	あらかじめ料金が印刷された封筒兼用の便せん

＊封書：一般的に封をした手紙のこと。

■封書の表書きの書き方

封書を扱うときは、特にあて名書きに注意しましょう。

❶郵便番号を書けば、都道府県市区町村名まで省略できる。郵便番号は「ポスタルガイド」やインターネットでも調べることができる
❷送り先の会社名や役職名は省略せず正確に書く。（株）は株式会社とする
❸住所やあて名を縦書きする場合と横書きする場合がある。横書きには、縦長式（図1）と横長式（図2）の封筒がある
❹縦長式の縦書き（図3）と横書きの場合は切手を左上に、横長式の場合は切手を右上に貼る。切手の下は消印《けしいん》*を押すスペースなのであける
❺ホテルに宿泊している上司に郵送する場合は、ホテルの住所のあとに「○○ホテル気付」（図4）と書く。部屋番号を入れるなら「気付」のあとに書く

❻送る本人に開封してほしい場合は、あて名の左横に「親展《しんてん》」（図5）と書く

・写真を一緒に送る場合は表に「写真在中」（図6）と書くかスタンプを押す。ほかにも「領収書在中」「請求書在中」など。「同封《どうふう》」は「一緒に入れてある」という意味なので中の通信文には書くが、封筒の表には書かない

・鈴木隆の家に下宿している田中一郎に送る場合は「鈴木隆様方　田中一郎様」とする

・文書を折られては困る場合は「2つ折り厳禁」「折り曲げ厳禁」などと書く。これわれ物を送るなら、「取扱注意」と書く

＊消印：使用済みの印として切手やはがきに押す日付印。

■図1　縦長式横書き

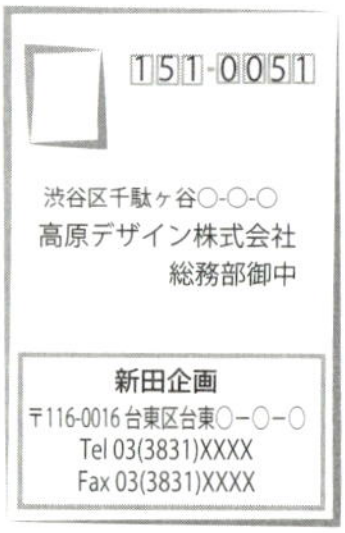

■図2　横長式横書き

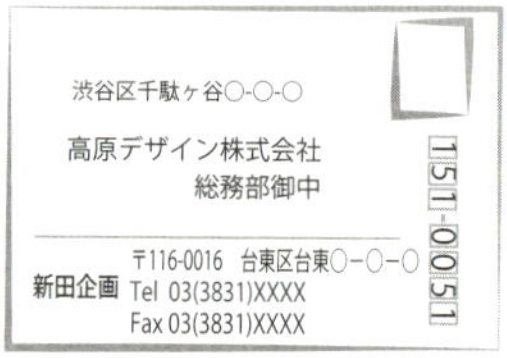

■図3　縦長式縦書き

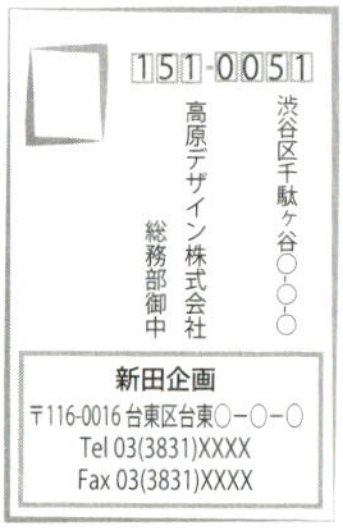

■図4　気付

■図5　親展

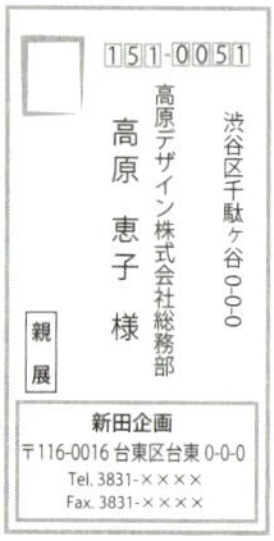

■図6　在中

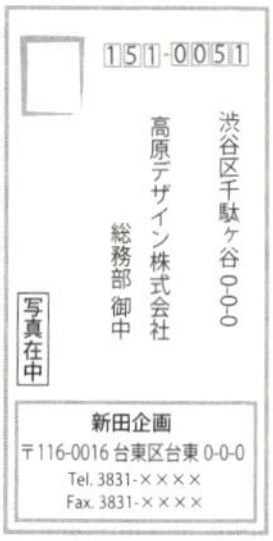

■特殊取扱郵便

速達《そくたつ》	急いで送りたいとき。料金は重さで決まる。縦長の郵便物や小包は表面右上部（横長なら右側下部）に赤い線を引くか「速達」と赤で書く。投函《とうかん》*できる
書留《かきとめ》	重要なものを送るとき。引受と配達の記録が残るので確実。手紙も同封できる。郵便物や荷物の紛失、届かなかった場合には損害賠償制度がある
一般書留（書留）	小切手、手形、商品券、ギフト券などの有価証券を送るとき。現金は送れない
簡易《かんい》書留	原稿や重要書類を送るとき
現金書留	現金（50万円までの紙幣と硬貨）を送るとき。専用封筒を利用する。香典袋と悔やみ状、祝儀袋と祝い状なども一緒に送れる

＊投函：郵便物をポストに入れること。

※書留はすべて郵便局の窓口に差し出し、受領証をもらう。投函はできない！
「書留」は「書留全般のこと」と「一般書留」の両方の意味があるので注意が必要。
特殊取扱郵便は、通常料金に特殊取扱料金が加算される。

■小　包

ゆうパック（一般小包）	通常郵便物で送れない品、重い品などを送るとき。サイズ（縦・横・高さの合計の長さ）と地域別で料金が決まる。封をしていない添え状や送り状以外の手紙は入れられない
ゆうメール（冊子小包）	3kgまでの冊子（書籍・雑誌・カタログ）、CD、DVDなどを送るとき。重さが同じなら送る地域に関係なく同じ料金。送る際は「ゆうメール」と見やすいように記載。封筒や袋の納入口の一部を開封するか、包装外部に無色透明の部分を作る。ゆうパックと同様、手紙は入れられないが、投函できる
レターパック	「レターパック500」「レターパック350」の2種類。専用の封筒を購入し、4kgのものまで送れ、全国一律料金。郵便局窓口に持ち込むか投函する。中に手紙は入れられる

※小包と手紙を同時に送りたい場合は「同時配達」を利用する。
「ゆうパック」と「ゆうメール」は速達・書留にできる。

大量郵便物の発送

料金別納《べつのう》郵便（図7）	同一料金の郵便物10通以上（ゆうパックは1個から）を同時に出すとき。事前に取扱事業所の承認を受けて、「料金別納郵便」のスタンプを押すか印刷する。切手を貼る手間が省ける。事業所の窓口に差し出し、料金を一括で支払ってから発送する
料金後納《こうのう》郵便（図8）	毎月50通以上の郵便物（ゆうパックは10個以上）を出すとき。事前に取扱事業所の承認を受けて、「料金後納郵便」のスタンプを押すか印刷する。切手を貼る手間が省け、料金は1か月分を翌月に一括で支払う。ダイレクトメール（DM）を月に何度も出す会社などに便利
料金受取人払（図9）	アンケートの返信など。相手に料金負担をかけず、受取人は受け取った数だけの料金などを支払えばよいので経済的。事前に取扱事業所の承認を受けて「料金受取人払」の表示をした、はがきや封筒を配付する

■図7

■図8

■図9

その他の郵便知識

レタックス	手書きの文面や寄せ書き、イラストを添えたメッセージに最適
私書箱	郵便局または郵便事業所に設置されている鍵つき郵便受箱。1日に大量の郵便物が届く個人や法人が利用する
代金引換	配達時に郵便物や荷物と引き換えに代金を渡すと、差出人に支払われるシステム。通信販売などでよく利用される

書き損じ	書き損じた「はがき」「郵便書簡」「レターパック封筒」や余った年賀状、間違って貼りつけた「切手」や不要な切手などは、手数料を払えば新品と交換できる。ただし、料額印面が汚れや破損していないものに限る
料金分の切手	郵送の際、なるべく1枚ですむように貼る。記念切手は大きさも不揃いで絵柄もビジネスには不向き
料金不足	届いた郵便物が料金不足の場合は、受け取り拒否が可能
折りたたむ	定形郵便物（→p.135）の最大サイズで書類を送る場合、A4判（21×29.7cm）とB5判（18.2×25.7cm）は3つ折り。A5判（14.8×21cm）は2つ折り

※用紙のサイズはA判とB判があり、よく使うのはA4判。A4判の半分がA5判、その半分がA6判。A4判の倍がA3判、その倍がA2判となる。B判も同様。同じ数字ならA判よりB判のほうが大きい

ケーススタディ

Q1 秘書A子は上司から、取引先に創立記念祝賀会の招待状を200通出すように指示された。A子はどんな方法で送ればよいか。

A1 招待状200通に1枚ずつ慶事用切手を貼って、通常郵便で送る。

なぜ？ 祝賀会の招待状のように格式ある社交文書は、数が多くても手間を省くための郵送方法である「料金別納郵便」では送りません。

◆その他の通信方法 ★★☆

ファクシミリ（ファックス）	●文字が小さい場合は拡大コピー、文字が薄い文章は濃いめにコピーをしてから送信 ●日付やあて先、送る枚数、連絡事項などを書いた送信状を添える。送信状に「受信したら電話で知らせてほしい」と書くことは相手に失礼。必要なら送るほうが電話で確認する ●送信後は、送られているかどうかファックス機を確認する ●機密が漏れるため「秘」扱い文書（→p.142）はファックスで送らない

電子メール（Eメール）	●時間や相手の状況に関係なく送ることができるので便利 ●「件名」は内容がすぐにわかるように簡潔に書く ●資料などを添付する場合は、本文でそのことを伝える ●急ぐ用件の場合は、送った相手にその旨を電話する ●メールを受信してもすぐに回答できない内容の場合は、とりあえず、受信したことと、あとで返事をすることを知らせる ●メールは改まった文章を送る場合や、相手の都合を急いで確認したいときには不向き
電報	●現在ではほとんど慶弔用に利用する ●NTT115番やインターネットから申し込める ●本文の文字数で料金が決まる。発信人名は本文中に入れる

2 文書の受発信

◆受信業務の注意点 ★★★

上司あての受信文書（郵便物）を処理することも秘書の仕事です。開封して上司に渡す文書、開封しないで渡す文書を正しく区別しましょう。

point 受信文書の処理のコツ

- 受信文書を「公信（業務関係の手紙）」と「私信（個人的な手紙）」に分ける
- 「私信」は開封しない。差出人が個人の住所と氏名なら「私信」とする。また、どちらか不明な文書（社名入り封筒の社名を消してあるなど）は秘書の判断で「私信」扱いとし、開封しない
- 「公信」でも、「親展」の表示があるものや「一般書留」「簡易書留」「現金書留」は開封しない。「書留」は「受信簿」に受信日や差出人名を記録する。「現金書留」は中の金額を確認する必要はない
- 「速達」のみの表示であれば開封してよい。「至急」も同じ。ただし、「速達」でも「書留」「親展」は開封しない

■開封する文書の扱い方

❶DM（ダイレクトメール）は上司が興味のあるもののみ渡す。あとは破棄

❷こちらからの往信に対する返信は、往信のコピーを添付し上司に渡す

❸会議開催案内や祝賀会の招待状の場合は、開催日時や返事の締切日にアンダーラインを引き、当日の上司のスケジュールもメモにして渡す

❹請求書や見積書は計算が正しいかチェック。同封物も照合、確認する

❺必要なら文書の重要箇所にアンダーラインを引き、要点をメモする

❻異動や就任、転勤のあいさつ状は、名簿や名刺の訂正をしてから上司にあいさつ状のみ渡す。訂正済みの名簿や名刺は見せる必要はない

❼上司の取材記事が載っている雑誌は、そのページに付せんを貼り渡す

❽上司に渡すときは文書に封筒をクリップでとめ、緊急・重要なものを上にする

※上司あてでも、内容により担当者に直接渡す場合もある。
※「私信」でも、同窓会の通知やゴルフコンペの連絡など、内容がはっきりわかるものは開封することもある。

ケーススタディ

Q2 秘書A子は、上司あての「親展」文書を誤って開封してしまった。中身は出していない。こんな場合どうすればよいか。

A2 ゼムグリップで簡単に封をし、開封してしまったことを上司に詫びて渡す。

なぜ？ 「親展」文書を開封してしまったので、上司には謝らなければなりません。封は上司がまた開けるので、セロハンテープやのりではなく、ゼムグリップで簡単にします。

■発信業務について

のりづけ	のりで封をする。ステープラ（ホッチキス）やテープはNG
封印	「親展」や儀礼的な文書は封じ目に「〆」と書くか、封印を押す
切手代	料金不足の場合、受取人が支払うこともある
発信	社外文書の発信は、担当部署（文書課など）が行う会社もある

3 「秘」扱い文書

◆取り扱いの注意点 ★★★

機密事項が記載されている文書を「秘」扱い文書といいます。文書の表に赤で「秘」の印を押します。もちろん、取り扱いは慎重に！

■社内での取り扱い方

「秘」扱い文書	「秘」扱い文書を持ち歩くときは封筒に入れるが、封筒に「秘」とは書かない
個人あて	封筒に入れ「親展」と表示し封をする。他部署に渡す場合は「文書受渡簿」に記録して受領印をもらう。本人が不在なら秘書に預けてもよい（上司の許可不要）が、それ以外は持ち帰る。渡すときにも「秘」扱い文書と言う必要はない
コピーするとき	●周囲に人がいないことを確認する ●必要枚数だけコピーし記録する。予備は不要 ●原本の置き忘れに注意する ●ミスコピーはシュレッダー（文書細断機）にかけて廃棄
配付するとき	文書に通し番号をつけ、配布先を控えておく。回収したら、控えと照合し、確認してから廃棄する
廃棄するとき	必ずシュレッダーにかける。手で破ることはNG
保管するとき	一般文書とは別にして、鍵つきのキャビネットに保管
貸し出すとき	原本を貸し出す。いつ、誰に貸したかを記録しておく
離席するとき	短時間でも文書は必ず机の引き出しにしまう。パソコンで作成中なら保存し画面を変える。プリントアウトするときも注意する

■社外へ郵送する場合

封筒は二重	中の封筒には「秘」の印を押す。外の封筒は透けないものを使い「親展」と表示して封をする

発信簿	必ず「発信簿」に記録する
郵送方法	一般書留か簡易書留にする。受領証を発信簿に貼る
連絡	送ったことを相手に電話で連絡する

※「秘」扱い文書をファックスで送ることはない。送り間違いもあるし、送信先でほかの人の目に触れる可能性が高いので機密が漏れる。

ケーススタディ

Q3 秘書A子のところに他部署の後輩が来て、「社外秘」と書いてある「資料」を貸してほしいと言った。A子はどうすればよいか。

A3 「取り扱いには注意してほしい」と言って渡す。

なぜ？ 「社外秘」は会社外には秘密にすることです。他部署の後輩は社員なので見せてよく、上司の許可も必要ありません。ただし、「秘」扱い文書なので取り扱いには注意が必要です。同様に「部外秘」は部外には秘密ということで、部内の人は見てもかまいません。

4 領収書

◆領収書の記載内容と訂正の仕方 ★☆☆

山本機械（株）の秘書A子が、上司（部長）から取引先へ持っていく手土産（菓子）を買って、領収書をもらってくるようにと指示された場合をみてみましょう。

①あて名　②金額
③名目（この場合は「菓子代として」でもよい）
④日付
⑤発行人

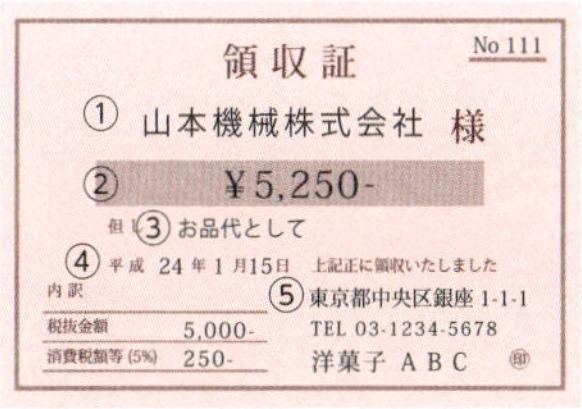
領収証　No 111
① 山本機械株式会社 様
② ￥5,250-
但 ③ お品代として
④ 平成 24 年 1 月15日　上記正に領収いたしました
内訳
税抜金額　5,000-
消費税額等 (5%)　250-
⑤ 東京都中央区銀座 1-1-1
TEL 03-1234-5678
洋菓子 A B C　㊞

・領収書は正式に書いてもらうが、レジでプリントしたものでもよい。
・領収書には、正しい金額と日付が必要。
・税抜き3万円以上の領収書には、発行者に必要な収入印紙を貼って消印してもらう。ただし、収入印紙が貼ってなくても領収書は有効である。
※金額が間違っていたら、発行者に訂正してもらい、訂正印を押してもらうか、新しく発行し直してもらう。

文書取り扱い 対応問題

※p.134～143で取りあげていない事柄も出題しています。解きながら覚えましょう。

1 3級問題

次は郵便について述べたものである。不適当と思われるものを一つ選べ。

① 速達にするときは、通常の郵便料金に速達料金を加算する。
② はがきはあて名が読めれば、表面にも通信文を書くことができる。
③ 往復はがきは、「往」で通知し、「復」で返事などをもらうときに使う。
④ 量が多ければ、書類も「ゆうメール（冊子小包）」で送ることができる。
⑤ 書き損じたはがきは、手数料を払えば新しいものに交換してもらえる。

2 3級問題

次は秘書A子が、上司あての郵便物を上司に渡すときに行っていることである。中から不適当と思われるものを一つ選べ。

① 「親展」は、開封しないで渡している。
② 「現金書留」は、開封して金額を確認してから渡している。
③ 私信か公信かわからないものは、開封しないで渡している。
④ 「書留」は、「受信簿」に記録し、開封しないで渡している。
⑤ 「速達」で送られてきたものは、ほかの郵便物の上にして渡している。

解答解説

1 ④ 「ゆうメール（冊子小包）」で送れるものは、冊子状の印刷物・DVD・CDなど。量が多くても書類は冊子ではない。

間違えた人は見直そう！ p.134のpoint、p.137、p.139

2 ② 「現金書留」も「書留」である。開封しないで「受信簿」に記録し、上司に渡す。

間違えた人は見直そう！ p.140のpoint

3 2級問題

次は、郵送物とそれを送るのに適切な郵送方法の組み合わせである。中から不適当と思われるものを一つ選べ。

① ギフト券 ＝ 一般書留
② 重要文書 ＝ 簡易書留
③ 祝賀会の招待状 ＝ 料金別納郵便
④ 厚みのあるカタログ ＝ ゆうメール
⑤ 病気の見舞金と見舞状（同封）＝ 現金書留

4 2級問題

次は秘書A子の、「秘」扱い文書の取り扱い方である。中から適当と思われるものを一つ選べ。

① 「秘」扱い文書を貸し出すときは、その文書をコピーして貸し出している。
② 「秘」扱い文書を社内で持ち歩く場合、「秘」の印を押した封筒に入れている。
③ 「秘」扱い文書を郵送するときは、安全のため簡易書留にし、控えを文書発信簿に貼っておく。
④ 「秘」扱い文書をコピーするときは、必用枚数だけ取り、ミスコピーは念のため保管している。
⑤ 「秘」扱い文書を郵送するときは、封筒は二重にし、外側の封筒には「重要」の印を押している。

解答解説

3 ③ 祝賀会の招待状は、数が多くても慶事用切手を貼って、通常郵便で送る。料金別納郵便は手間を省くための郵送方法なので、格式を重んじた書状には不向きである。

間違えた人は見直そう！ p.137～139

4 ③ ①原本を貸し出す。②封筒に「秘」の印は押さない。④ミスコピーは廃棄する。⑤「親展」の押印をする。

間違えた人は見直そう！ p.142～143

4 ファイリング

出題傾向 3級はファイリング用具名が、2級は出版に関する用語、部署と資料の関係が出題される。しっかりとチェックしよう。

1 ファイリングを知る

◆ファイリング用具 ★★☆

文書や書類を整理して保管しておくことがファイリングです。用具を上手に使って、仕事の効率が上がるようにファイルしましょう。

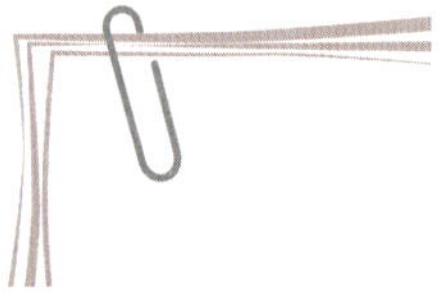

クリップ：書類などを挟んだりとめたりする金具

ステープラ（ホッチキス。商標名はホチキス）：コの字形のとじ金を打ち込んで紙をとじる器具

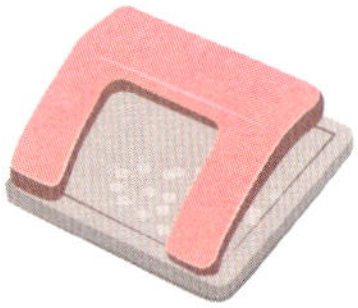

穴開け器（パンチ）：紙にとじるときの穴を開ける器具

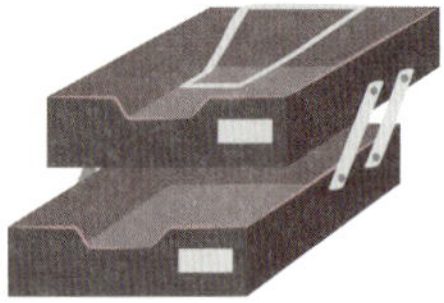

トレー（デスクトレー、決裁箱）：2つのトレーの一方に未処理の書類、もう一方に決裁済みの書類を入れる

ファイル：とじ具がついている書類挟み

フラットファイル：ファイルの中でも柔らかく、薄いもの

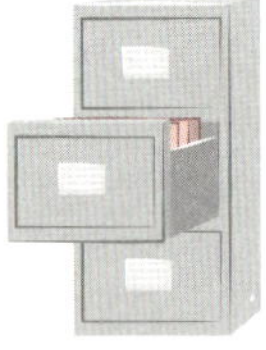

キャビネット：引き出し式の収納具で、正式名はバーチカル・ファイリング・キャビネット

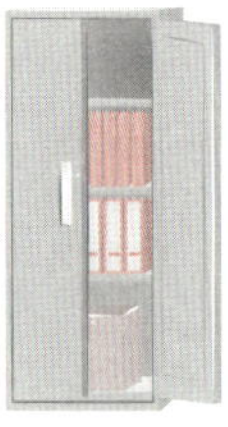

保管庫：ファイルを立てて並べる書棚で書庫ともいう

◆バーチカル・ファイリング ★★☆

バーチカル・ファイリングとは書類をとじないでフォルダーに挟み、キャビネットの引き出しに垂直に立てるか、つり下げて整理する方法。バーチカルとは「垂直」という意味です。

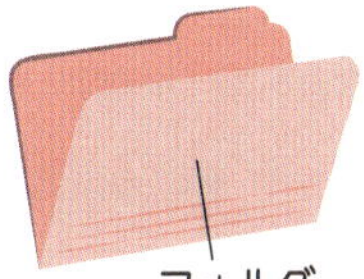

フォルダー

- フォルダーとは、厚紙を2つ折りにしたもの。
- サイズはB4・A4・A5などがあり、1フォルダーに70枚ほどの書類が挟める。

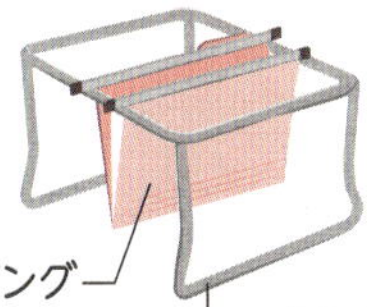

ハンギングフォルダー

ハンギングフレーム

上辺の両側にフックがあり、キャビネットの引き出し内のハンギングフレームにつり下げられるフォルダー。

●バーチカル・ファイリングの特長

- 書類をとじないので手間がかからない。書類に穴を開けなくてよい
- とじてないので、書類の増減や取り出しが簡単
- とじ具がないのでフォルダーが薄い

●バーチカル・ファイリングの収納方法

- 常に新しい書類が手前になるように挟む
- フォルダーにはサイズの違う書類を納めることもできる

  例 フォルダーより大きいサイズの書類を納める場合

  - ・文字が書いてあるほうを外にして折る（内容がすぐにわかる）
  - ・折り山を上にして納める（ほかの書類が挟みこまれない）

■フォルダーの整理の仕方

目的に応じて整理方法を使い分けます。

相手先別整理	手紙や書類を相手先ごとにまとめる 例 同じ相手に出した手紙のコピーや、その相手から届いた文書、その相手との関係書類を同じフォルダーに収納する方法。会社や個人ごとに1冊のフォルダーにまとめ、フォルダーを五十音順やアルファベット順に並べる
主題別整理	テーマ別にまとめる整理法。カタログ・新聞雑誌の切り抜きなどのファイルに便利
標題別整理	「見積書」「請求書」などの伝票や「報告書」などの標題をタイトルにしてまとめる方法
1件別整理	行事や工事ごとに資料をまとめる方法 例「○○支店オープン」「創立15周年記念式典」など
形式別整理	文書の形式をタイトルにしてまとめる方法 例「悔やみ状」「年賀状」「暑中見舞状」など

■バーチカル・ファイリング相手先別整理の例（会社名でまとめる場合）

個別フォルダー	「青山商事」のフォルダーには、「青山商事」からの受信文書、こちらから出した手紙のコピー、関係書類を納める。フォルダーの山（タブ）に「青山商事」と書いたラベルを貼る。そのフォルダーを個別フォルダーといい、五十音順に並べる
ガイド	フォルダーのグループを区切り、グループの見出しとなる厚紙。五十音順では「ア」「イ」「ウ」などとなる。数が多いときは第2ガイドを立てる
雑フォルダー	その会社だけでは書類が少なく、個別フォルダーを作るほどではない複数の会社の書類を一緒にまとめてあるフォルダー。「ア」の雑フォルダーは「ア」の個別フォルダーの最後に入れる

貸し出しガイド	フォルダー内の書類を貸し出すときに、貸し出した書類の位置に代わりにさしておくガイド。貸出先・貸出日・返却予定日・書類名を記入する。右端上部に「貸出」と書いた山（タブ）がついている
持ち出しフォルダー	フォルダー内の書類をすべて貸し出す場合は、書類を持ち出し用フォルダーに入れ替え、空になったフォルダーに、貸し出しガイドを挟んでおく

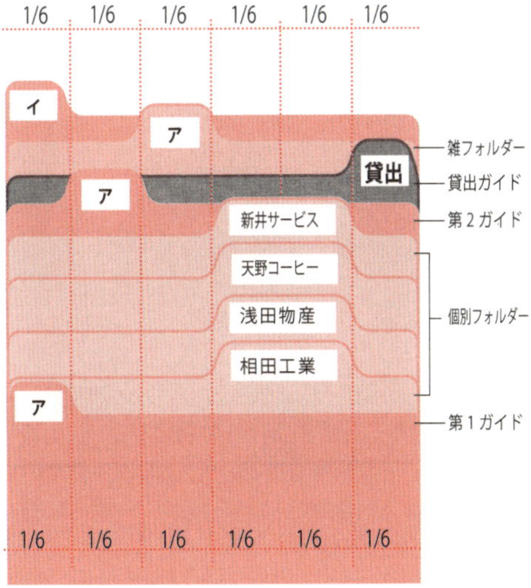

持ち出しフォルダー

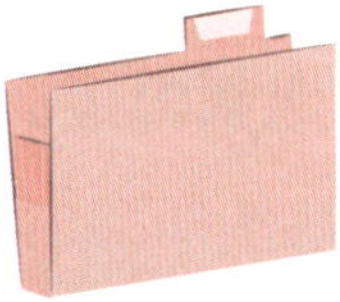

貸出ガイド

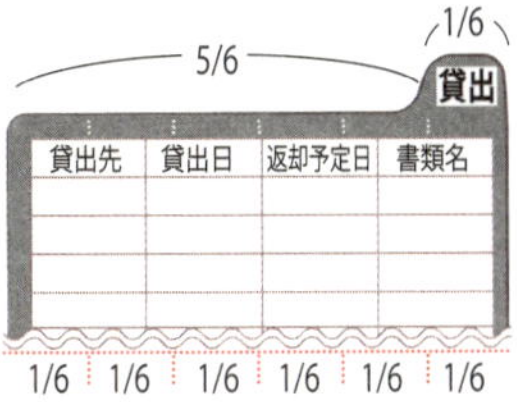

point 集中管理のメリット

- バーチカル・ファイリングは文書の集中管理に向いている
- 文書の私物化を防げる
- 不要な書類は捨てやすく、必要な書類も取り出しやすい
- まとめてキャビネットなどに保管するので、オフィスの整とんにつながる

■移し替えと置き換え

よく使う資料は手元に保管します。

移し替え	資料を同じ部屋の中で移動させること。例えば、4段キャビネットの引き出しの上2段の資料を、下2段に移して保管する
置き換え	資料を事務室から書庫室など、場所を換えて保存すること

■保存・廃棄

資料は古くなったからといって、秘書が勝手に廃棄することはできません。法律や会社の規定に従って保存し、永久保存するものもあります。

2 名刺の扱い方

◆整理するときの注意点 ★★★

上司の名刺は秘書が管理します。名刺は個人情報でもあるので、大切に扱う必要があります。

■整理用具の種類と特徴

名刺整理箱	細長い箱に名刺を入れて整理する。分類項目でガイド（五十音順なら、あ・い・う）を立てる。出し入れしやすいので、増減や差し替えも簡単。名刺の数が多い場合に向いている。持ち運びには不便
名刺整理簿	写真のアルバム式の台紙に名刺を入れて整理する。一覧性があるが増減が不便なので、名刺の数が少ない場合にはよい。大きさの違う名刺は入らないこともある
パソコンに保存	データに保存するので、増減や訂正も簡単。データから情報が漏れないように十分注意する

■分類の仕方

名刺を探すときに、①名字の五十音順、②会社名の五十音順、③業種別、のどれで探すことが多いかで分類方法を決めます。

■クロス索引《さくいん》

名字の五十音順分類の場合、個人名がわからなくなったら会社名で探せるようにしておくのが**クロス索引**です。名刺大のカードに会社名と関係者の役職や氏名を記入しておき、五十音順で分類しておくと、そこから個人名が探し出せます。

point 名刺整理箱・名字の五十音順分類による整理

- 新しく受け取った名刺は、その日の**日付**やその人の**特徴**などを記入してガイドの**すぐ後ろ**に入れる
- 抜き取って使った名刺を戻すときは、該当するガイドの**すぐ後ろ**に戻す。
- ガイドの後ろ近くにはよく**使う**名刺や**新しい**名刺が集まるが、**1年**に**1回**は整理し、不要な名刺は細かく**破って**廃棄する。同一人の名刺が複数枚あれば最新の**1枚**のみ保管する
- 住所や連絡先、肩書（役職）の変更の通知があったら、すぐに名刺を**訂正**する。新しい名刺をもらったら、古い名刺は**廃棄**する
- 上司の**私的**な名刺と業務関係の名刺は別に保管する。それ以外（名刺の大きさ・縦書き・横書き）は区別する必要は**ない**

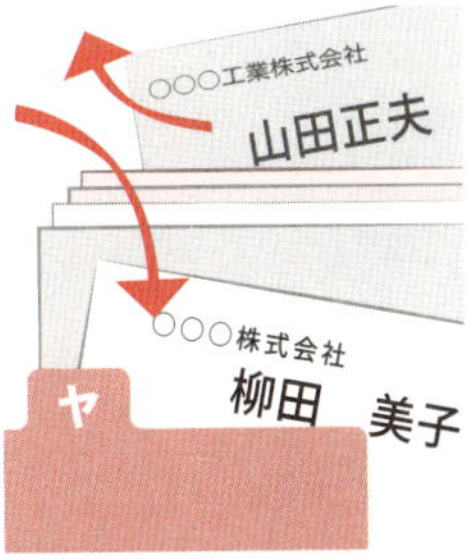

抜いて使った名刺を戻すときは、ガイドのすぐ後ろに入れる

ケーススタディ

Q1 秘書A子は上司から田中氏の名刺を渡された。田中氏は、取引先N商事鈴木氏の紹介で、約束より10分遅れて来訪した。本日は平成○年6月20日。田中氏は背が高く、白髪でメガネをかけていた。服装はグレーのスーツに紺のネクタイでコーヒーが好みとのこと。A子は名刺に、どのようなことをメモすればよいか。

A1 ①平成○年6月20日来社　②N商事鈴木様の紹介　③長身・白髪・メガネ　④コーヒーが好み

なぜ？ メモすることは今後に役立つ情報です。服装はいつも同じではなく、遅刻も関係ないので不必要です。

3 カタログ・雑誌の整理

◆カタログ整理の注意点 ★★☆

カタログとは商品の紹介や説明が書かれた冊子のことです。

point カタログ整理の仕方

- 商品別に分類する。会社ごとに商品の性能や価格が違うので比較できる
- 総合カタログ*など、厚みのあるものは書籍のように立てて並べる
- 薄いカタログやパンフレットは内容別に分けて、ハンギングフォルダーに収納する
- 年に１回は不要なカタログを処分する。また、新しいカタログを入手したら古いものは処分。ただし、自社のカタログは問い合わせに答えるために、古いものも保管しておく

*総合カタログ：ある会社の全商品を紹介するカタログ。

◆雑誌整理の注意点 ★★★

雑誌は受け入れ日付をつけておくと、定期購読などの漏れが防げます。

■雑誌整理の仕方

- 常に最新号を出しておくが、バックナンバー（すでに発行された号）も保存する
- 保存期間は一般誌で前年度分、専門誌は最長５年分
- 保存するときはピン製本で半年か１年分をまとめ合《がっ》本《ぽん》し、背に雑誌名と号数を明記する

◆出版関連用語 ★★☆

出版物に関連した用語の内容もしっかり覚えましょう。

■出版物に使われる用語

日刊	毎日発行されるもの
週刊	1週間に1度発行されるもの
旬刊《じゅんかん》	10日ごとに発行されるもの
隔月刊《かくげつかん》	2か月に1度発行されるもの
月刊	定期的に毎月1回発行されるもの
季刊	四季ごとに年4回発行されるもの
増刊	定期以外に臨時に発行される定期刊行物
絶版《ぜっぱん》	売り切れ後、再版しない刊行物
改訂版	初版のあと、内容を改めて発行したもの
索引《さくいん》	本の中の文字や事項がどのページにあるかの一覧
奥付	書物の終わりにつける、著者・発行者・発行年月日・定価などを記載した部分
凡例《はんれい》	書物のはじめに載せる、その書物の利用の仕方や編集方針
総目次	書物や雑誌の一定期間、または全号の目次をまとめたもの
見出し	書物の中のある項目を探すのに便利なように設けた標題
草稿《そうこう》	下書きのこと
校正	仮に刷った印刷物を原稿と照らし合わせて、文字の誤りや不備を直すこと
初版	発行された書物の最初の版
再版	すでに発行されている出版物を同じ形で再び出版すること
版型	書物の大きさ。A5判、B6判など
全集	ある人のすべての著作を集めた書物のこと
コンテンツ	中身や内容、書籍の目次のこと
リーフレット	広告・宣伝・案内のための1枚ものの印刷物
パンフレット	宣伝・紹介のための小冊子

レターヘッド	便せんの上部に印刷した、個人や会社の名前・住所・マークなどのこと
タブロイド判	普通の新聞の半分の大きさの新聞型印刷物
コラム	新聞・雑誌の囲み記事。短い論評
社説	その新聞社の主張として載せる論説
地方紙	ある地方限定で編集・発行される新聞。地方新聞のこと
全国紙	全国的に発行されている新聞
広報誌	民間企業や官庁が、それぞれの活動内容を知らせる情報誌
機関紙（誌）	政党や研究所が、宣伝・連絡のために発行する新聞や雑誌
官報	政府が国民に知らせる必要のある事項を掲載した公告機関紙
公報	官庁が一般国民に発表する報告

4 情報の収集と管理方法

◆新聞・雑誌の切り抜き ★★☆

上司の仕事に必要な新聞や雑誌の記事は、切り抜いて保管します。

point 切り抜き方

❶テーマ別に分類する（経済関連・業界関連など）
❷切り抜く箇所にマークし、新聞は翌日以降、雑誌は次号発行後に切り抜く
❸記事の余白に情報を記入する。情報とは、新聞なら紙名・日付・朝刊か夕刊か・地方紙なら地方版名。雑誌なら、誌名・年月・号数・ページ
❹切り抜く記事が両面にある場合は、どちらかをコピーする
❺切り抜いた記事を貼る台紙はA4版に統一する
❻新聞記事は文章のつながりに気をつけ末尾を確認し、形を整えて貼る
❼１枚の台紙に１記事が基本だが、テーマが同じなら複数の小さい記事を貼ってもよい

■整理の仕方

- 貼った記事はテーマ別に分類して、フラットファイルにとじるか、フォルダーに挟んでバーチカル・ファイリングでキャビネットに保管
- スクラップブックは必要な記事だけ取り出せないし、不要な記事を破棄しにくい。また、一度決めた分類を変えにくいので不適当

■その他の情報収集

インターネットの利用	さまざまな情報を入手できるが、信頼性のあるものばかりではないので注意が必要
社外資料	列車時刻表・会社年鑑・会社四季報・政府発行白書などの最新版を常備する
社内資料	どの部署にどのような資料があるのかを知る。各部署の業務内容を把握することが必要

■部署の業務内容と資料

総務部	会社全体にかかわる仕事を担当。備品や事務用品の購入と管理も含まれ、各種会議の議事録・株主や株主総会に関する資料・社内組織図・社葬の記録・オフィス見取り図なども総務部にある
経理部	会社の会計に関する事務や処理、決算資料作成。部門別収支記録・取引先金融一覧・上司の出張費用の記録などがある
営業部・販売部	製品を販売する、会社の利益に直接つながる部門。製品の売り上げ状況・顧客名簿・取引先一覧などの資料がある
人事部	会社の業務以外の社員に関係することすべてを行う。社員の採用・社員研修・労働時間についてなど。社員の情報・有給休暇消化率一覧・社員の平均給与額などの資料がある。厚生部門として、健康診断や保養所などの福利《ふくり》厚生《こうせい》＊も扱う
企画部	事業拡大など経営企画や各種企画を行う。市場調査リストなど
購買部門・仕入部門	原材料や資材の仕入れ・購入を行う
広報部・宣伝部	企業のPR活動を行う。社内報・広報誌がある

＊福利厚生：雇用主が従業員向けに、健康の増進や生活の充実を図ること。

ファイリング 対応問題

※p.146～155で取りあげていない事柄も出題しています。解きながら覚えましょう。

1 **3級問題**

次は秘書A子が考えた、カタログの整理方法である。中から不適当と思われるものを一つ選べ。

① 分厚い総合カタログは、書棚に並べよう。
② 年に1回は整理し、使わないものは処分しよう。
③ カタログは商品の案内なので、会社別に整理しよう。
④ 薄いカタログは、ハンギングフォルダーで整理しよう。
⑤ 新しいカタログが届いたら古いものは処分するが、自分の会社のカタログは古いものも保管しておこう。

2 **3級問題**

次は秘書A子が普段行っている、名刺整理箱を使った名刺の整理の仕方である。中から不適当と思われるものを一つ選べ。

① 大きさの違う名刺も、同じように整理している。
② 使わなくなった名刺も、念のために別にまとめてとっておく。
③ 名刺の肩書きや住所・連絡先に変更があったら、すぐに訂正している。
④ 上司の仕事関係の名刺と私的な関係の名刺は、区別して整理している。
⑤ 使った名刺や新しい名刺は、該当するガイドのすぐ後ろに差している。

解答解説

1 ③ カタログは商品案内なので、商品ごとにまとめるのがわかりやすい。バーチカル・ファイリングの主題別整理方法が適している。

間違えた人は見直そう！ p.148、p.152のpoint

2 ② 1年に1回は名刺を整理し、不要になったものは秘書の判断で廃棄してよい。廃棄するときは、必ず破り捨てるようにする。

間違えた人は見直そう！ p.151のpoint

3 2級問題

次の出版用語の説明の中で、不適当と思われるものを一つ選べ。

① 「バックナンバー」とは、雑誌などの既刊号のこと。
② 「改訂」とは、出版後、売れ行きを見て値段を変えること。
③ 「増刊」とは、定期以外に臨時に発行される雑誌などのこと。
④ 「旬刊」とは、月3回、10日ごとに発行される雑誌や新聞のこと。
⑤ 「奥付」とは、著者・発行者・発行日などが載っている部分のこと。

4 2級問題

次は社内の資料と部署名の組み合わせである。中から不適当と思われるものを一つ選べ。

① 新入研修計画書　　　＝人事部
② 株主総会議事録　　　＝経理部
③ 市場調査レポート　　＝企画部
④ 事務用品の月別購入額＝総務部
⑤ 人間ドッグ受診者リスト＝人事部

5 2級問題

秘書A子は上司から、コピーしておくようにとA4判の書類3枚と、B5判の書類を2枚を渡された。このときA子は上司に、何を確認すればよいか。箇条書きで三つ答えなさい。

● ＿＿＿＿＿＿＿＿＿＿＿＿＿＿＿＿
● ＿＿＿＿＿＿＿＿＿＿＿＿＿＿＿＿
● ＿＿＿＿＿＿＿＿＿＿＿＿＿＿＿＿

解答解説

3 ②「改訂」とは、初版のあと内容を改めて発行したもの。値段を変えるような場合は、「改定」という。

間違えた人は見直そう！ p.153

4 ② 株主総会に関する資料は総務部。その他各種会議の議事録もある。

間違えた人は見直そう！ p.155

5 ●コピーする部数、●大きさはすべてA4判にそろえるか、●とめ方はステープラとゼムクリップのどちらがよいか。そのほか、いつまでに必要か。

5 秘書に必要な管理力

出題傾向 3級ではオフィスの環境整備や事務用品の名称、2級ではスケジュール管理の問題がかなりの頻度で出題される。

1 スケジュール管理

◆予定表の利用方法 ★★★

秘書は上司の都合と行動に合わせた予定表を作成し、予定を決める場合は、必ず上司の了解を得ます。また、休日であっても、上司の公的な予定は把握しておきます。

■予定表の種類

予定表は、次の４種類のうち、必要なものを作ります。

年間予定表	社内外の１年間の大きな行事を表にする。入社式・創立記念日・株主総会・定例の役員会・業界の集会など
月間予定表	１か月の予定を表にする。年間の行事に加え、出張・会議・会合・面談・訪問などの予定名を記入する
週間予定表	１週間の決定した予定を時間単位で記入する 出張・会議・会合・面談・訪問などを詳細かつ正確に。ただし、私事は簡潔に書く
日々予定表	その日の上司の予定を時分単位で細かく記入する 備考欄を設けて詳細もメモする

■週間予定表

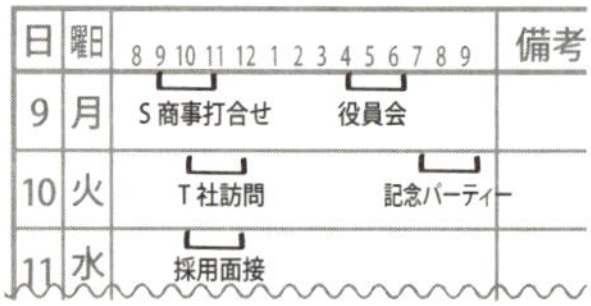

■日々予定表

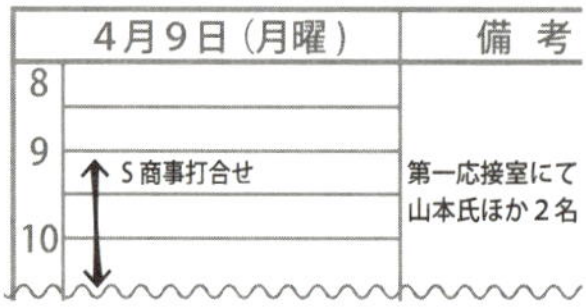

point 記入の仕方

❶各予定表はそれぞれ1枚の紙にまとめる
❷土・日曜・祝日も予定表には欄を作る
❸よく入る予定は記号化すると見やすく、スペースもとらない
　例　会議＝○　　面談＝△　など
❹予定に変更があったら、変更前の予定を2本線で消し、新しい予定を書く。連絡などが必要な場合に備え、変更前の予定がわかるようにしておく
❺私事は簡潔に書くか記号を使う。詳細は秘書の手帳に控えておく
　例　M氏令嬢結婚披露宴出席　など
❻週間予定表や日々予定表の時間目盛は午前8時頃～午後9時頃まで必要
❼予定表の備考欄には、外出や出張時の出発時間、出張同行者の氏名、利用交通機関の情報（飛行機なら社名・便数など）、会議に必要な資料、会議開催場の連絡先などを記入する
❽正式に決まっていない予定は(仮)として記入する

プラスα

秘書はやむを得ない場合を除いて、上司の出社直後や退社直前、会議の直前直後、出張や外出の直前直後などにはできるだけ予定を入れないようにします。上司が多忙時、体調が悪いときも同様です。予定は基本的に上司が決定しますが、取締役会や臨時会議、すでに決まっている会社の重要会議は優先します。予定が重なった場合も秘書が勝手な判断をせず、必ず上司に確認しましょう。

予定表への記入の仕方の例は次のとおりです。

・上司（部長）が専務と取引先S社を訪問すること→S社訪問専務に随行
・自宅から直接N支店に行き、そのまま帰宅する→N支店直行直帰
・取引先Y社のM部長宅の通夜に行くこと→Y社M部長宅通夜
・R社の告別式に行くこと→R社告別式参列

■予定表の注意点

上司への確認	月間予定表は前月末まで、週間予定表は前週末まで、日々予定表は前日の午前中までに作成し、上司に確認

予定表の配布	上司が確認した予定表は、コピーをし、上司と秘書が1部ずつ持つ。月間と週間予定表は必要なら社内の関係者にも配付するが、上司の私事は記入しない。欄外に作成日「○月○日現在」を記入する
予定に余裕	会議や面談、外出は延びることがあるので、そのあとの予定には余裕をもたせる
重要度・必要性	上司が出先で決めてきた予定だからといってほかの予定より優先しない。予定が重なったときは上司に確認し、重要度・必要性で優先順位を決める
私事	優先したり後回しにせず、公用と同様に扱う。前日確認不要

■予定変更への対応

行事などの変更	上司に報告し、上司用と秘書用の予定表を書き換える
先方の都合による変更	先方から予定変更を申し込まれたら、上司と予定を調整して、上司用と秘書用の予定表を書き換える
こちらの都合による変更	先方に「急用のため」などと事情を話し丁寧に詫びる。先方の都合のよい日にちを2～3つ尋ね、それを上司に報告、決めてから先方に返事をする。必ず上司用と秘書用の予定表を書き換える
変更の決定	上司の予定表の配布先など、必要な関係先に伝える

ケーススタディ

Q1 秘書A子の上司はこれからS氏と面談の予定である。今日はそのあとにもT氏との面談予定がある。A子はどのような配慮をすればよいか。

A1 S氏の面談の前に、次のT氏との面談予定を知らせておく。

なぜ？ スケジュールを管理するということは、上司が予定通りスケジュールをこなせるように補佐すること。この場合は事前に次の予定を知らせておきます。S氏との面談中に「面談終了時刻」を知らせるのは不適切です。

プラスα

上司が「ちょっと出かけてくる」と言って外出する場合は、外出先は尋ねませんが、スケジュール管理上、帰社予定時間は確認します。慶事・弔事などで上司が出席できない予定は、部下が代理で出席することもありますが、「理事会」「役員会」「部長会」など役職がつく会議には、部下の代理は立てないことが基本です。

◆出張業務 ★★☆

上司の出張の際に、秘書は以下の業務を行います。

■出張準備

出張期間・目的地	出張期間や目的地を上司に確認し、計画を立てて上司の了承を得る。出張の目的は仕事上のことなので、上司が言わなければ無理に聞かない
交通・宿泊	上司の希望、会社の旅費規定、効率などを考えて交通手段を選ぶ。同じように上司にふさわしい宿泊施設を選び、予約の手配は早めにする
旅程表	旅程表（出張中の予定をまとめた一覧表）を作成する。日々予定表のように詳細に書く。旅程表は上司と関係先にも渡す
旅費	出張に必要な旅費を概算し、経理部から仮払いを受ける
所持品	出張に必要な所持品の準備をする。旅程表、チケット、旅費、資料など

■出張中の仕事

- 上司から指示された業務をこなす
- 資料のファイリングや名刺の整理など、たまっている仕事を処理する
- 上司が留守中の電話や来客などの報告事項をまとめておく
- 郵便など受信物の整理と保管
- 緊急時、または必要に応じて出張先の上司に連絡をとる。連絡先は社外の人に聞かれても教えてはいけない。秘書が上司に連絡をとり、用件を伝えるようにする

■上司が出張から戻ったあとの仕事

- 留守中の報告事項を伝える
- 旅費を精算する
- 上司の指示で出張報告書を作成する
- 上司の指示があれば、出張先に礼状を書く。お礼の品を贈ることもある

ケーススタディ

Q2 秘書A子は、上司の出張の準備で初めてのホテルを予約した。そのとき、ホテルの予約担当者から「連絡先」を尋ねられた。A子は何と答えればよいか。

A2 会社の電話番号を伝える。

なぜ？ 出張当日まで、ホテルと連絡をとるのはA子の仕事なので、会社の電話番号を伝えます。ホテルに宿泊するときに、上司は自宅の電話番号を伝えることになります。

2 オフィスの環境管理

◆環境整備の必要性 ★★★

上司が仕事に集中でき、来客にも好印象を与えるために、オフィスの環境を整えることも秘書の大切な仕事です。

■オフィスの環境

採光と照明	室内に自然光を採り入れることを「採光」といい、ブラインドやカーテンなどで調整する。「照明」は人工の光。仕事の効率や目の疲れなどに大きく影響するので注意が必要
防音対策	ドアクローザー、電話の音量調節、二重窓やカーテン、天井や壁の吸引材など
室温調整と換気	室温の調整はエアコンを使用し、温度設定は社会諸事情に沿って会社の規定に従う。エアコンの風は直接上司や来客に当たらないよう吹き出し口の向きで調整する。湿度は年間を通して50～60％が適切。空気清浄機や加湿器を利用するとよい
部屋の色彩	応接室はクリーム色などの暖色、役員室や会議室は茶色やベージュなどの中間色が適している

■オフィスレイアウト

オフィスレイアウトとは、事務室内の机や備品などの効果的な配置のことです。

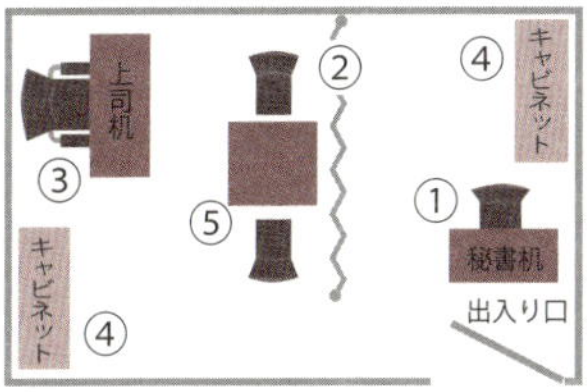

上司と秘書が同室の場合

①秘書の机：人の出入りがわかるように、出入り口に近い場所に置く。
②パーティション：パーティション（ついたて）などで、上司と直接対面しないように工夫する。
③上司の机：入り口から見えない部屋の奥に配置。人の出入りで気が散らないよう配慮する。
④キャビネット：上司や秘書がそれぞれ使いやすい位置に置く。
⑤応接セット：秘書より上司の机の近くに置く。

■掃除の仕方

電話機・パソコン	ほこりがあったらはたきで払うか、化学ぞうきんでふく。手あかは専用クリーナーで落とす
家具	羽ばたきでほこりを払うか、からぶきする。ひどい汚れは専用の洗剤でふく
じゅうたん	掃除機を使う。しみは中性洗剤や酢でふく
置物	羽ばたきでほこりを払う
油絵	年に数回、筆でそっとほこりを払う
応接セット	ソファーは布製ならブラシで汚れを落とし、革ならからぶきし、汚れは専用のクリーナーでふく。テーブルは使用のたびにふく。カバーやテーブルクロスは定期的に洗濯に出す
観葉植物	枝葉を点検して水をやり、葉のほこりは固く絞った布（湿らせたティッシュペーパーも可）でふく。枯れた葉は気がついたらとる

プラスα

上司の留守中に部屋の掃除をしても、置物や絵画の位置を勝手にかえてはいけません。上司のセンスや好みで決めるものですから、必ず、上司の了解を得ましょう。

◆事務用品の管理 ★★☆

上司の使う事務用品もしっかり管理しましょう。

■事務用品の種類

備品	机・いす・複写機（コピー機）・キャビネット・保管庫・デスクトレー（決裁箱）・ステープラ（ホッチキス）・パンチ（穴開け器）・ナンバリング（書類に自動的に番号を打つ器具）・チェックライター（手形や小切手に金額を刻字する器具）・ファスナー（書類をとじる用具）・レターオープナー（封筒を開封する器具）・ペーパーウエイト（文鎮）、スタンプパッド（ゴム印にインクをつけるスタンプ台）、スツール（背もたれのない１人用のいす）、サイドテーブル（小型の卓）
消耗品	鉛筆・シャープペンシル・ボールペン・消しゴム・サインペン・認め印・朱肉・セロハンテープ・ガムテープ・ゼムクリップ（ゼムピン）・便せん・封筒・のり・メモ用紙・付せん（ポストイット）・ステープラ（ホッチキス）の針など

■事務用品の管理

- ●日付印の日付が正しいか毎日確認する
- ●備品に不具合はないか、消耗品の補充は必要かチェックする
- ●故障や破損をしている備品は、補修の手配をする

■机の整理

仕事を効率よくこなすためには、秘書と上司の机上は常に整理整とんしておくことが大切です。ただし、上司の机上にあるものは大切な書類やメモの類があるため、不要と思われる紙でも勝手に破棄してはいけません。

秘書の引き出しの中は、どこに何を入れておくか決め、使ったら必ず元に戻し、上司の机の引き出しやロッカーは、許可なく開けてはいけません。

退社時は机上を整理し、たとえ翌日使用する資料であってもいったんしまうことを心がけましょう。

ケーススタディ

Q3 秘書A子の上司は、新聞を読みかけで開いたまま外出してしまった。A子は新聞をどのようにすればよいか。

A3 新聞は紙名がわかるようにたたみ、マガジンラック（新聞や雑誌入れ）に入れておく。

なぜ？ 上司の部屋を整備するということは、使ったものを元通りに戻すということ。上司が外出の場合、読みかけの新聞は元にたたみ、マガジンラックにしまいます。

◆オフィス機器 ★★☆

OAとはオフィス・オートメーションの略です。OA機器は事務作業を自動化・効率化するための機械です。

OA機器	複写機（コピー機）、ファクシミリ（ファックス）、パーソナル・コンピュータ（パソコン）、プリンター、スキャナー（文書や画像を読みとる機械）など
その他のオフィス機器	
プロジェクター	文字や図、写真などをスクリーンに写し出す機械
シュレッダー	文書細断機。文書を細かくする機械
タイムレコーダー	勤務時の出退時刻をカードに記録する装置

ケーススタディ

Q4 秘書A子は後輩から、オフィス家具と事務機器の名前を尋ねられた。次のものは何を説明しているものか答えなさい。

①パソコンの画面を大型スクリーンに投影する機器

②採光調節のためのすだれのようなもの

③文書や画像を通信回線を通して電送する装置

④フォルダーを収納する、引き出し式の収納具

A4 ①プロジェクター　②ブラインド　③ファクシミリ　④キャビネット

なぜ？ プロジェクターは、会議、研修などで資料を示すときに使われます。キャビネットはスチール製などのタンス様式のものです。

秘書に必要な管理力 対応問題

※p.158～165で取りあげていない事柄も出題しています。解きながら覚えましょう。

1 **3級問題**

次は秘書A子が退社時に行っていることである。中から不適当と思われるものを一つ選べ。

① プリンターやコピー機の電源を切る。
② 帰りに投函する郵便物の確認をする。
③ 給湯室に行き、火の元と水回りを点検する。
④ 処理していない受信メールのチェックをする。
⑤ 翌日出社後、すぐに使う書類以外はキャビネットにしまう。

2 **3級問題**

次は秘書A子が上司のスケジュールの作成や管理で行っていることである。中から適当と思われるものを一つ選べ。

① いつも長引く会議のあとの予定は、時間に余裕をもたせて入れている。
② 上司の予定の問い合わせには、上司に確認してから返事をしている。
③ A子が忙しい時期には、面会の予約をできるだけ入れないようにする。
④ 上司は来客が多いので、日々予定表には来客の訪問回数も書いている。
⑤ 予定があるのに、急な社内会議に招集されるときは、招集責任者に、上司の仕事に支障がでるので、早めに知らせてほしいと言っている。

解答解説

1 ⑤ 書類はすべてキャビネットにしまって退社する。机上に出したままでもよいのは、備品類のみ。

間違えた人は見直そう！ p.164

2 ① いつものことなら支障がないように対処すればよい。②予定は公表されている。問い合わせがあれば、予定があってもなくてもそのことを言えばよい。③面会をなるべく入れないようにするのは、上司の負担を軽くする必要があるとき。④役に立たないので不要。⑤急な招集は早めに連絡できない事情があるから。

間違えた人は見直そう！ p.159～160

3 2級問題

次は秘書A子が、上司（部長）の予定表の作成や管理について行っていることである。中から適当と思われるものを一つ選べ。

① 上司が外出先で決めてきた予定は、ほかの予定より優先している。

② 取引先との面談では、所要時間を記録して次回の参考にしている。

③ 休日の前日には、面会の予定をできるだけ入れないようにしている。

④ 予定が急に中止になったら、あいた時間に新たな予定を入れるかどうか、上司に確認している。

⑤ 急な部長会議の招集があったとき、ほかの予定と重なる場合は、代理の者でもよいかと主催者に確認している。

4 2級問題

次は上司と秘書が同室で仕事をする場合の、室内のレイアウトについてA子が考えたことである。中から不適当と思われるものを一つ選べ。

① 秘書の机は人の出入りがわかる、入り口付近に置く。

② 応接セットは秘書の机より、上司の机の近くに置く。

③ 上司の机は部屋の奥で、入り口もよく見える場所に置く。

④ 上司の机と秘書の机は、向かい合わないように配慮する。

⑤ 応接セットは、上司が自分の席から立って、下座に座りやすい位置に置く。

解答解説

3 ④ 確認しないと越権行為になる。①優先順位は重要度で決まる。②面談の所要時間は毎回同じではない。③休日の前日は普通の日なので支障はない。⑤部長会では、部長の職務範囲のことを話し合うので代理は不可。

間違えた人は見直そう！ p.159～161

4 ③ 上司の机を部屋の奥に置くのはよいが、入り口から見えては落ち着いて仕事ができない。パーティションなどを利用して見えないようにする。

間違えた人は見直そう！ p.163

キティの「これで得点アップ↑↑」④

「技能」では、具体的な事務処理について解説しましたが、「会議」といえば、「新人歓迎会」なども、その範疇《はんちゅう》に含まれます。幹事になったら、日にちの決定が大事です。まずは、部署全員の都合のよい日を選びます。その日がかなり先になるなら、**部長・課長の都合を優先しましょう**。迎える側がいてこその歓迎会です。新人の都合だけを最優先しないように気をつけましょう。

また、新しく職場の仲間になる人もいれば、出て行く人もいます。受信物の仕分けをしていると、異動した人や、退職した人あてのものもあります。例えば、前任の営業部長あてに取引先から新製品のカタログが届いたら、営業部に関係ある内容なので、現在の営業部長に渡せばよいでしょう。**退職者への郵便物は、社用のものであれば担当者に渡し、私用のものであれば退職者の自宅に送ることになります**。受け取る人がいないからといって放置したり、配達業者に返したりしないようにしましょう。

「郵便」では、テキストでもかなり詳細に触れましたが、「特殊取扱郵便」の中には、非常に身近なものもあります。皆さんよくご存じの「代金引換」です。配達時に郵便物や荷物と引き換えに代金を渡すと、差出人に支払われるシステムです。インターネットなどの通信販売でよく利用されていますね。では、「配達日指定」はご存じですか？配達日を指定できるので、誕生日や記念日・クリスマスなどには受け取った相手に喜ばれます。日曜・休日も指定できますが、手続きは早めに。そのほかには、一般書留に限り、「引受時刻証明」「配達証明」「内容証明」などがあります。

現在では、書類や品物を送る手段は郵便以外にもいろいろあります。**コストや安全性を考慮して常に適切な方法を考え、新しい情報を入手しておく**ことも処理の効率化につながります。

第5章

職務知識

✿試験の形式

選択式問題　　5問出題 ➡ 目標正答数4問

✿この章で学ぶこと

- 上司と秘書、それぞれの役割と機能を学ぶ領域です。
- どんな行動が秘書の「越権行為」にあたるのかをしっかり理解しましょう。
- 突発的な出来事に対応する「非定形業務」では、必ず上司の判断を仰ぎます。

✿対策

- 秘書の「越権行為」であるかどうかを判断することが重要です。特に上司不在中の面会申し込みやスケジュール変更の問題は、上司に確認しているかどうかが鍵となります。
- 問題を何回も解き、「適当」以外の選択肢のどこが「不適当」なのかを答えられるようにしましょう。

1 秘書の分類と業務内容

出題傾向 2・3級ともに、非定形業務の問題が多く出題され、上司不在時の出来事の判断をどのようにするかが問われる。

1 秘書の分類

◆分類の仕方 ★☆☆

秘書は所属や機能によって分類されます。組織の中での秘書の果たす役割を考えましょう。

所属による分類	秘書課秘書	トップマネジメント（→p.39～40）につく秘書 秘書課に所属し、1人または複数でトップマネジメントの補佐をする。直属の上司は秘書課長だが、仕事の指示はついているトップマネジメントから受ける。大企業に多い
	兼務秘書	ミドルマネジメント（→p.39～40）につく秘書 上司と同じ部署に所属し、自分の担当の仕事をしながら上司の補佐をする
	チームつき秘書	プロジェクトチームやタスクフォース（→p.39）、研究部門などのチームにつき、チーム全体を補佐する
	個人つき秘書	欧米の企業に多い。部門に所属せず、個人につく
機能による分類	間接補佐型秘書	一般的な秘書。上司が本来の仕事に専念できるよう環境を整え、雑務処理を行う。副官型秘書ともいう
	直接補佐型秘書	上司の代行もできる参謀型秘書。専門的知識をもち、上司のブレーンとして意見を述べる
役割による分類	ラインとスタッフ	仕入れ・製造・販売など、直接業績に結びつく仕事をしている人や部門のことをラインという。スタッフとは、ラインを補佐する仕事をしている人や部門のことで、総務・経理・人事・企画など。秘書は経営管理を行う上司を補佐するスタッフの1人である

2 秘書の業務内容

◆定形業務は秘書が判断 ★★★

定形業務とは秘書の「日常業務」＝「ルーティンワーク」のことです。上司とどのように対応するか前もって相談しておき、秘書の判断で行ってよい仕事です。ただし、判断に迷う場合は上司の指示を仰ぎます。

■定形業務

電話応対	電話の受け答え、取り次ぎ、連絡
来客接遇	受付、取り次ぎ、案内、茶菓接待、見送り
交際業務	慶事、弔事、贈答
会議、会合	準備、開催案内、受付、当日の接待、議事録の作成
文書作成と取り扱い	各種文書の作成、文書の受発信業務と取り扱い
ファイリングと情報管理	資料の整理と管理、社内外の情報収集、マスコミへの対応
スケジュール管理	面会予約の取り次ぎ、予定表の作成や変更と配付
出張事務	出張計画の作成、交通機関のチケットや宿泊の手配、旅程表の作成と配付、旅費の仮払いと精算手続き
環境整備	オフィスレイアウトと整備・清掃、照明・室温・防音などへの配慮、備品・事務用品の補充と整備
経理事務	各種支払い・振り込み、経費の仮払いと精算手続き
身の回りの世話など	茶菓・食事の手配、健康への配慮、上司の私的な用事*

＊私的な用事：上司からの指示は公私にかかわらず補佐するのが秘書の役目。多忙な上司に代わって私用をこなし、上司が本来の仕事に専念できるようにサポートする。

◆非定形業務は必ず上司に相談 ★★★

非定形業務とは、突発的に起こる事態への対応です。必ず上司に相談して指示を仰ぎます。予定外の業務ですが、冷静に行動することが必要です。日ごろからの心構えやマニュアルの整備も怠らないようにしましょう。

■非定形業務

予約なしの来客	受付、上司に取り次ぐかどうかの判断、接遇
急な出張や残業	スケジュールの変更・調整、必要な準備や手配・処理
上司の急病	自宅・会社・主治医への連絡、応急処置、救急車の手配、スケジュールの変更・調整（上司の代理人と相談する）。普段から❶上司の持病の知識、❷主治医の連絡先、❸上司の健康保険証番号、などを調べておく
上司の交通事故	自宅・会社の担当部署への連絡。小さな事故は社用車の運転手に一任、大事故は会社の顧問弁護士に相談。必要であればスケジュールの変更・調整
災害時の対応	来客優先の避難誘導、人命尊重の上で貴重品の持ち出し
盗難への対処	上司・総務部への連絡、被害の確認と警察への通報
不法侵入者＊への対処	状況に応じて警備室や警察に連絡
その他の予定外の仕事	上司の指示による予定外の仕事、上司の人事異動による引き継ぎ業務と新しい上司への対応、新人秘書の指導

＊不法侵入者：強引なセールスや陳情、脅迫や暴力など。

ケーススタディ

Q1 秘書A子の上司が外出中、新聞社の記者から上司あてに取材依頼があった。A子はどう対応すべきか。

A1 記者に、❶新聞紙名・記者の氏名・連絡先、❷取材希望日時と所要時間、❸取材内容、❹返事の期限、❺用意する資料はあるか、❻写真撮影はあるか、などを聞いておき、上司に確認してあとで返事をすると言う。

なぜ？ A子の仕事は上司が取材を受けるかどうか判断できる情報を入手すること。判断するのは上司です。ただし、「記事の大きさ」は取材側の都合で決まることなので聞かなくてよいことです。「上司について話してほしい」と秘書に取材申し込みがあった場合は、必ず上司に相談して決めます。

3 仕事の進め方

◆効率よく仕事をする ★★☆

秘書の仕事は予定通りにいかない場合も多く、いくつもの仕事が重なります。適切な判断で効率よく処理していきましょう。

point 判断と処理のポイント

- 優先順位：重要度・緊急度・時間の制約・上司の意向などで決める
- 期限を確認：上司が「急がない仕事」と言っても、必ず期限を聞く
- 作業時間を把握：自分の仕事の処理時間を把握し、見通しを立てる
- 総合的に考える：仕事は手順・計画・経費・時間を考え、工夫する

■効率のよい仕事の仕方

- 文書のフォーム化：作成時間が短縮できる
- チェックリストの活用：オフィス管理の点検項目の漏れを防ぐ

  例　退社時チェックリストの項目

  ❶翌日のスケジュール確認　❷部屋の整理整頓　❸OA機器の電源OFF
  ❹上司の忘れ物チェック　❺帰りに投函する郵便物の用意
  ❻ロッカーやキャビネットの施錠　❼火の始末
- あき時間の利用：出張など、上司不在時にたまっている仕事をこなす

ケーススタディ

Q2 秘書A子の上司（部長）が出張中、N部長秘書B子が「パソコンで文書を清書しているが、時間がないので少し手伝ってほしい」と言ってきた。A子はどう対応すればよいか。

A2 「自分の席でできることなら手伝う」と答える。

なぜ？ 上司は不在で、時間もかかりそうにない仕事と思ったら自分の判断で手伝ってかまいません。ただし、留守を預かる秘書の仕事に支障がないように注意します。「上司が不在だから手伝えない」「上司にはあとでB子から報告して」「手伝うが上司には内緒にして」「手伝うことをN部長が知っているなら手伝う」などの対応は不適切です。

秘書の分類と業務内容 対応問題

※p.170〜173で取りあげていない事柄も出題しています。解きながら覚えましょう。

1 **3級問題**

　秘書A子の上司（部長）が外出中に常務から、「M社との取引の件で部長に聞きたいことがあるので来てほしい」と電話があった。部長が会社に戻るのは1時間後である。A子は部長の外出を常務に伝えたあと、どのように対応すればよいか。次の中から不適当と思われるものを一つ選べ。

① よければ事情を知っている課長に行ってもらうが、どうかと言う。
② 急ぐなら今すぐM社に連絡をして問い合わせるが、どうかと言う。
③ 急ぐならM社の担当者に行ってもらうが、それでもよいかと言う。
④ 部長はあと1時間で戻るので、それまで待ってもらえるかと言う。
⑤ M社との取引関係の資料を持って行くが、今はそれで間に合うかと言う。

2 **3級問題**

　秘書A子の上司（部長）は常務に呼ばれて常務室に行った。上司の机上を見ると、部外秘の書類が広げたままになっている。このような場合、A子はどう対処すればよいか。次の中から適当と思われるものを一つ選べ。

① 常務室の上司に、机上の書類をどうすればよいか尋ねる。
② 課長に、上司が戻るまで書類を預かってもらいたいと頼む。
③ このままだと関係者以外の目に触れるので、書類を伏せておく。
④ 上司が戻るまで、書類を秘文書保管用キャビネットにしまっておく。
⑤ 関係者以外は触れてはいけないので、書類はそのままにしておく。

解答解説

1 ② 常務が取引状況を知りたいというのは、こちらの内部の事情にかかわること。それを取引先に問い合わせるということは、あり得ない。

2 ③ 部外秘の書類は部内関係者以外には機密である。上司はすぐに戻ってくるとしても伏せておくことが秘書の気配りとなる。

3 2級問題

秘書A子の上司（鈴木部長）は20分ほどで戻ると言って外出した。その間、取引先のT部長が転勤のあいさつに訪れ、同時に上司の友人K氏も訪ねてきた。このときA子は、上司はちょっと外出していると言ったあと、どのように対応すればよいか。次の中から適当と思われるものを一つ選べ。

① T部長とK氏に、鈴木が戻ったら伝えるので伝言はないかと尋ねる。
② T部長は課長に対応してもらい、K氏には待ってもらいたいと頼む。
③ T部長に、のちほど来てもらえないかと頼み、K氏には待ってもらう。
④ T部長とK氏に、鈴木は20分ほどで戻る予定だがどうするかと言う。
⑤ T部長に、鈴木が戻るまで待ってもらいたいと頼み、K氏には先約があるがどうするかと尋ねる。

4 2級問題

次は秘書A子が日ごろ行っている秘書業務である。中から不適当と思われるものを一つ選べ。

① 私的な用事を指示された場合も、急ぎであればすぐに対応する。
② 複数の仕事を指示された場合は、時間のかかるものから処理する。
③ 上司が行き先を告げずに外出する場合は、帰社時間だけを尋ねる。
④ 上司の体調が悪いときの社内の人との面談は、理由を話して短時間にしてもらう。
⑤ 上司が外出中に訪れた見知らぬ客には、用件を尋ねて名刺をもらい、予約をしてもらいたいと頼む。

解答解説

3 ② 転勤のあいさつは儀礼的なので課長が代わりに対応できる。上司の友人は上司の対応が必要なので、時間があるなら待ってもらう。

4 ② 仕事の優先順位は緊急か重要かで決まる。時間がかかるか否かではない。

間違えた人は見直そう！ p.173のpoint

2 秘書の職務

出題傾向 2・3級ともに「越権行《えっけんこう》為《い》」に関する問題が出題される。
秘書の職務範囲をしっかり理解しよう！

1 秘書の機能・役割

◆秘書は上司の仕事を補い助ける ★★★

第１章でも学びましたが、秘書の仕事はあくまで上司の補佐です。上司の指示がない限り、秘書は補佐役の職務範囲を超えてはいけません。

■考え方の基本

仕事を選ばない	雑事も大切な上司の補佐。迅速かつ感じよく対応する
優先順位を守る	嫌な仕事・苦手な仕事を後回しにしないで処理する
上司に確認	仕事に慣れてくると秘書の憶測で判断しがちなので要注意
上司不在時の確認	上司が不在で連絡がとれない場合は、上司のすぐ下の役職者か秘書課長、または用件がわかる人に相談する

ケーススタディ

Q1 秘書A子の上司が電話中、今日の午後3時に来訪予定のS氏から電話があり「訪問時間を4時にしてほしい」と言われた。現在午前10時。S氏は会社にいるという。A子はS氏にどのように対応すればよいか。

A1 上司は今電話中なので、確認して折り返し連絡すると伝える。

なぜ？ 予定変更については必ず上司に確認します。この場合、時間に余裕があり、S氏は会社にいるということなので、いったん電話を切って上司に確認後、折り返し返事をすればよいでしょう。

◆上司と秘書の機能の違い ★★★

上司は経営管理を行い、企業に利益をもたらす役割を果たします。秘書は上司の雑務を処理して補佐することで上司の仕事の成果につながります。

ケーススタディ

Q2 部長秘書A子は上司から、同窓会出席の返信はがきを投函するように言われた。A子は同窓会のことは聞いていない。しかし、その日時には部長会議の予定が入っている。A子はどうすればよいか。

A2 上司に部長会議のことを伝えて、スケジュールを確認する。

なぜ？ スケジュール管理はA子の仕事です。予定が重なれば上司の仕事に支障が出てしまうので、上司に確認して指示に従い、適切に対処します。

2 秘書の職務

◆職務範囲を守る ★★★

秘書は上司の仕事の代行はできず、上司の代わりに会議に出席したり、決裁業務を行ったりする機能はもっていません。あくまで職務範囲内で上司を補佐します。職務範囲を超えた行為を「越権行為」といいます。

point 越権行為の具体例

- 秘書の名前で取引先へ贈答をする
- 上司の代わりに取引先と面談をする
- 上司の代わりに会議や行事に出席する
- 上司の部下に指示をする
- 勝手に決裁書や稟議書に押印する
- 上司に相談せず、スケジュールを決めたり変更したりする
- 上司に無断で面会予約をしたり、会議などの出欠の返事をしたりする

ケーススタディ

Q3 秘書A子の上司（部長）は会議に出ているが、終了予定時刻になっても戻ってこない。そこへ3時の予約客が30分早く訪れた。さらに、課長が2時30分に来るようにと部長に呼ばれているとやってきた。A子はどう対応すればよいか。

A3 予約客と課長には待ってもらい、会議中の上司に2人のことをメモに書いて渡し、指示を仰ぐ。

なぜ？ この場合、上司の意向はA子にはわかりません。どちらを優先するかは上司の判断に任せます。会議中は必ずメモで確認しましょう。

3 上司とよい関係を保つための心構え

◆進言について ★★☆

進言とは、上位の人に意見を申し上げることです。秘書は上司に進言をする立場ではありませんが、時と場合によっては進言も必要になります。

point 進言してもよいこと

- 服装、健康、食事について、失礼にならないように配慮して進言する
  例　上司多忙時に「よろしければ何かご昼食をご用意いたしましょうか。」
- 上司の勘違いや簡単なミスについて、仕事に支障が出そうなときは進言する
  例　「そろそろ会議が始まるお時間でございますが……。」
- 上司から人物評価を求められたら
  ・良い面、良い評判、仕事の仕方など事実を伝える
  ・悪い面、私的なこと、勝手な思い込み、うわさは言わない

◆上司を理解する ★★★

秘書は上司を理解して、上司に合わせます。そのためにはまず、上司に関する基本的な情報収集も必要です。異動で新しい上司についた際は、前任の秘書に性格や癖、仕事の仕方などを尋ね、上司の理解に努めましょう。

■知っておくべき上司の情報

- 主な仕事内容、職務権限、仕事の仕方、所属団体、人脈
- 住所、利用交通機関や最寄り駅、家族構成
- 性格や癖、略歴、趣味・特技、交友関係

◆信頼関係を築く ★★★

秘書は上司から信頼され、上司を尊敬することにより、仕事も順調に進みます。機密事項を守ることは信頼を得るための基本です。

point 信頼されるためのポイント

- 秘書の立場で知り得る職務上の機密を漏らさない
- 上司の仕事に必要以上の口出しをしない
- 上司の私事に深く関心を示して、必要以上に立ち入らない
- 秘書が知った上司の私事を人に話さない

ケーススタディ

Q5 秘書A子は、上司から取引先への手紙を清書するように指示された。内容は苦情を述べているものだが、かなり感情的でこのまま出すのはどうかと思われる。こんなときA子はどうすればよいか。

A5 一応清書をして、時間をおいてから「これでよろしいですか」と上司に確認する。

なぜ？ 上司の原稿は、明らかな誤字でない限り、秘書が勝手に表現を直したり、書き換えることはできません。設問の場合もこのまま清書するしかなく、内容も秘書が口出しすべきことではありません。ただ、手紙を出してしまうと上司の責任になるので、上司の気持ちが落ち着くころに確認するのがよいでしょう。上司をよく理解した上での気配りをすることが大切です。

秘書の職務 対応問題

※p.176～179で取りあげていない事柄も出題しています。解きながら覚えましょう。

1 **3級問題**

秘書A子の上司（部長）は明日から４日間出張する。次は、出張に関係することで、A子が前日に行ったことである。中から不適当と思われるものを一つ選べ。

① 出張に必要な資料を上司に渡した。
② ホテルに予約を確認し、到着予定時刻を知らせた。
③ 仮払いを受けた出張旅費と乗車券を上司に渡した。
④ 旅程表を上司に渡し、それに沿った行動してもらいたいと頼んだ。
⑤ 部内の人に、急ぎの決裁があったら今日中に回してほしいと頼んだ。

2 **3級問題**

秘書A子は上司から、「今日のN社S氏との面談は３時だったね」と聞かれた。A子の手元の予定表には２時と書かれている。次はそのとき、A子が上司に言ったことである。適当と思われるものを一つ選べ。

① 「私の予定表では２時になっている。どうすればよいか」
② 「私の予定表では２時になっている。部長の間違いではないか」
③ 「私の予定表では２時になっている。部長はなぜ３時と思うのか」
④ 「私の予定表では２時になっている。３時かどうかすぐに確かめる」
⑤ 「私の予定表では２時になっている。もう一度、部長の予定表を確認してもらいたい」

解答解説

1 ④ 上司や関係者のために、出張の旅程表を作成するのは秘書の仕事。ただ、上司はその通りに行動しなければならない立場ではないし、秘書が頼むことでもない。

2 ④ 上司の記憶と秘書の予定表の時間が違う。こういう場合は、秘書がまず確かめなければならない立場である。

3　2級問題

秘書A子は、上司（部長）の外出中に本部長から、明日の夜、上司に時間をとってもらえないかと言われた。しかし上司は先ほど電話で、明日の夜は知人と会う約束をしていたようだ。このような場合、A子は本部長にどのように対応すればよいか。次の中から不適当と思われるものを一つ選べ。

① 明日は予定があるので、別の日ではどうかと言う。
② 明日の夜は予定があるようだが、どうしようかと言う。
③ 今はわからないので、確認してから連絡しようかと言う。
④ 手元の予定表だけではわからないので、戻ったら確認すると言う。
⑤ 明日の夜は予定があるようだが、戻ったら確認して連絡すると言う。

4　2級問題

秘書A子は上司から、「業界団体の理事会は出席で返事を出すように」と言われた。しかし、返信はがきが見当たらない。このような場合、A子はどうすればよいか。次の中から、適当と思われるものを一つ選べ。

① 上司に返信はがきを紛失したと詫びて、どうすればよいか尋ねる。
② 業界団体に連絡して、再度返信はがきを送ってもらいたいと頼む。
③ 業界団体にメールで、返信はがきを紛失したと詫び、出席と伝える。
④ 返信はがきが見当たらなければ、郵便はがきに必要事項を書いて出す。
⑤ 業界団体にメールで、返信はがきを紛失したのでどうすればよいかと尋ねて指示に従う。

解答解説

3　①　上司がどちらを優先するかはわからない。A子が勝手に「予定があるので、別の日ではどうか」などと言ってはならない。

間違えた人は見直そう!　p.177のpoint

4　④　出欠がわかるように連絡すればすむことだが、まとめる側としては同じ形状のものがよい。郵便はがきで代用することが適当である。

キティの「これで得点アップ↑↑」⑤

「職務知識」の問題を解く鍵は、「**越権行為**」です。

上司が判断すべき内容は、必ず上司（不在であれば上司の代理）に確認することを忘れずに。第5章のテキストにある、「越権行為」の例をしっかり理解しておきましょう。**特に、「急ぎの用件だから」「上司が忙しいから」という理由が「越権行為」を起こしやすいので要注意！**「お願いする」という形をとっても、上司に指示めいたことを言うのも「越権行為」です。

ただ、上司に確認することを取引先や上司の部下に押しつけてはいけませんし、補佐するのに不要なこと（知らなくても補佐に支障がないこと）まで尋ねないようにしましょう。例えば、上司の出張期間が急に延びた場合、「理由は何か？」などと上司に聞く必要はありません。理由がわからなくても、予定されているスケジュールの変更や帰社日時を確認すれば、上司の補佐はできるからです。

また、「契約の件で相談したいことがある」という取引先に、「どのような相談か」と内容まで尋ねることも同様です。「契約の件についての相談」と上司に伝えれば事足りますね。

「越権行為」をしないことと同様に大切なことが、**上司を理解する**ことです。しかし、必要以上に関心をもちすぎないように。補佐する上で必要なことだけ知っていれば十分です。新しい上司についた場合、嗜好品・かかりつけの医者と持病・仲のよい社内の人などは知っておくべきですが、社外からの収入・めざしているポストなどは不必要だということがわかると思います。

秘書の役割は上司の期待に応えることです。どんな場合も上司の指示する仕事をまずこなそうとする姿勢が大切です。**秘書の仕事の成果が、そのまま上司の仕事の成果につながる**ことを忘れないでください。

第6章

模擬試験問題

✿模擬試験問題の使い方

この模擬試験は2級用です。実際の試験で頻出する問題を選びました。2級で出題される項目は3級にも対応しています。
3級をめざす人も必ず挑戦してみましょう。

✿試験時間

2級＝120分　3級＝110分

✿試験の形式

区　分	分　野	出題形式・出題数	合格ライン
理　論	必要とされる資質	選択問題　5問	60%以上正解
	職務知識	選択問題　5問	
	一般知識	選択問題　3問	
実　技	マナー・接遇	選択問題　10問 記述問題　2問	60%以上正解
	技能	選択問題　8問 記述問題　2問	

模擬試験問題

〈選択問題〉新しい事柄も出題しています。解きながら覚えましょう。

必要とされる資質

問題1 第1章 第2課

check □□□

秘書A子の上司は会議中でお昼前には戻る予定である。そのときに、取引先のT部長から上司あてに「契約のことで急いで相談したいことがある。今日の午後伺いたいが、時間はそちらに合わせる」と電話があった。A子は上司から、会議中は電話を取り次がないようにと言われている。このような場合、A子はT部長に上司は不在と言ってから、どのように対応すればよいか。次の中から不適当と思われるものを一つ選べ。

① 急ぎとのことなので、上司に伝え時間はのちほど連絡すると言う。
② とりあえず午後の上司のあいている時間を知らせ、詳細は上司に確認次第連絡するがよいかと言う。
③ 上司が戻り次第都合を聞いて、できるだけ早く連絡すると言い、何時ごろなら席にいるかを尋ねておく。
④ 所要時間はどのくらいかを尋ね、急な話なので上司が会えない場合は、代わりの者でもよいかと確認しておく。
⑤ 急いでいるとのことなので、上司のあいている時間を知らせ、その時間に待っているように上司に頼んでおくと言う。

問題2 第1章 第2課

check □□□

秘書A子の上司（部長）が会議中に、面談予約がある取引先のF氏が訪れたので、応接室に通してお茶を出し上司に知らせた。上司はすぐに行くと言ったが、15分を過ぎても戻ってこない。このときA子はF氏に、待たせていることを詫びて、会議がまだ終わらないと言ってから、どう対応すればよいか。次の中から不適当と思われるものを一つ選べ。

① 「もし課長でよければ呼んでくるがどうするか」と尋ねる。
② 「自分が代わりに用件を聞いて上司に伝えようか」と尋ねる。
③ 「もう少し待ってもらえないか」と頼み、お茶を入れ替える。
④ 「もう少し待ってもらっても次の予定に差し支えないか」と尋ねる。
⑤ 「もう少し待ってもらうことはできるか」と確かめ、お茶を入れ替えてから、上司にどのようにするか確かめる。

問題3　第1章 第1課

check □□□

秘書A子は上司（部長）の知人M氏から、上司あての電話を受けた。電話は外出先からで、3時過ぎに来訪したいというだけで切れてしまった。上司には3時からS部長と打ち合わせの予定が入っている。このような場合A子は上司に、M氏からの電話のことを伝えたあと、どのように言えばよいか。次の中から不適当と思われるものを一つ選べ。

① 3時にはS部長と打ち合わせの予定が入っているが、どうするか。
② M氏が来訪したら、予定が入っているので待ってもらうように頼んでみるが、それでよいか。
③ M氏が3時過ぎに来訪したらすぐに取り次ぐが、打ち合わせは予定通りということでよいか。
④ M氏との面談時間を予測してもらえれば、S部長との打ち合わせの時間を調整するが、どうするか。
⑤ S部長には、M氏が来訪したら打ち合わせを中断させてもらうかもしれないと話しておいたらどうか。

問題4　第1章 第2課

check □□□

秘書A子の上司（部長）はK支店に出掛けて今日は戻らない。そこへ課長から、「部長に頼んでおいた書類を今日取引先に届けようと思っているのだが」と言われた。このことについてA子は上司から何も聞いていない。このような場合A子は、課長にどのように言うのがよいか。次の中から不適当と思われるものを一つ選べ。

① K支店にいる部長に連絡して、直接確認してみてはどうか。
② 部長はK支店に出掛けていて今日は戻らない。どうするか。
③ 部長は今日は戻らない。明日にしてもらうことはできないか。
④ どのような書類か教えてもらえれば、部長の机辺を探してみる。
⑤ 今日ということならK支店にいる部長に連絡してみるがどうするか。

模擬試験問題

〈選択問題〉

問題5 第1章 第2課

check □□□

秘書A子は上司から、明朝の会議に使う数枚の資料の清書を指示された。しかし、A子は今別の急ぎの仕事もしており、それを終えてから取りかかると終業時間までに仕上がらない。このような場合、A子は上司に、今は別の仕事をしていると伝えたあと、どのように言えばよいか。次の中から不適当と思われるものを一つ選べ。

① 今日中にということなら、残業して仕上げるがよいか。
② 今日中にということなら、別の急ぎの仕事を中断して先に清書をするがよいか。
③ 別の急ぎの仕事が明日になってもよければ、今日中に仕上げることができるがよいか。
④ 自分1人では終業時間までに仕上げるのは無理なので、同僚に手伝ってもらってもよいか。
⑤ 別の急ぎの仕事を仕上げてから取りかかると、清書の仕上がりは今日遅くになるがよいか。

職務知識

問題6 第5章 第1課

check □□□

秘書A子は上司（営業部長）から、明日2時からの営業会議を明後日の2時開始に変更したいと言われた。次はそのときA子が行ったことである。中から不適当と思われるものを一つ選べ。

① 資料の変更や追加などはないか、上司に確認した。
② 会議室の予約をキャンセルし、明後日の2時に予約し直した。
③ 明後日だと出席できない人にはどのようにすればよいか、上司に尋ねた。
④ 出席者に聞かれることもあるので、日にち変更の理由を教えてもらえないか、と上司に頼んだ。
⑤ 明後日2時に予定されている取引先との面談を、どのように変更したらよいか上司に確認した。

問題7 第5章 第1課

check □□□

次は秘書Ａ子が、上司（部長）の出張中に行ったことである。中から不適当と思われるものを一つ選べ。

① Ｗ部長の母上逝去の社内メールが送られてきたので、前例に従って上司名で香典を用意しておいた。

② 課長が稟議書を持ってきたので、よければ上司が出張から戻るまで預かっておくと言って預かった。

③ 取引先から新任の部長があいさつに来訪したので、あいにく上司は出張中と詫びて課長に取り次いだ。

④ 新聞社から取材の申し込みがあったので、上司は出張中と伝えて改めて電話をもらえないかと頼んだ。

⑤ 専務から、今日中に部長と直接話したいことがあると言われたので、上司から専務に連絡してもらえるようＡ子から伝えると言った。

問題8 第5章 第1課

check □□□

秘書Ａ子の上司が入院した。症状は軽いが、会社から関係者以外には口外しないようにと指示された。そのような折、上司の友人と名乗る来客があった。上司に頼みたいことがあるという。このような場合Ａ子は、どのように対応するのがよいか。次の中から適当と思われるものを一つ選べ。

① 上司の友人ということなので、「上司の自宅に連絡してもらいたい」と言って、自宅の電話番号を教える。

② 用件を尋ね、急ぎということなら「今入院中なので、自分から上司に伝えて返事をさせてもらう」と言う。

③ 上司の友人ということなので、入院中と言ってから「来訪のあったことを伝えておく」と言って帰ってもらう。

④ 入院のことは言わず、「上司は数日留守にしていているので、上司から連絡するようにする」と言って連絡先を尋ねる。

⑤ 上司の友人ということなので、「ほかには言わないでもらいたい」と頼んでから入院していることを伝えてどうすればよいかを尋ねる。

模擬試験問題

〈選択問題〉

問題9 第5章 第2課

check □□□

部長秘書Ａ子は、何事も小まめに上司に報告していたが、ある日上司から、報告したことに対して、そのようなことまで報告しなくてよいと言われた。次はその後、Ａ子が上司に報告しなかったことである。中から不適当と思われるものを一つ選べ。

① 取引先の担当者が昇進したので、名刺の役職名を書き変えたこと。
② 簡単な仕事だが急ぎだったので、後輩に手伝ってもらったこと。
③ 上司室の観葉植物のレンタル業者が来月から替わる、と総務課から連絡を受けたこと。
④ 上司が離席中に、常務から内線電話があり「不在ならまたあとで連絡する」と言われたこと。
⑤ 終業時刻間際に指示された清書は、朝一番で取引先に届けるということだったので、残業して仕上げたこと。

問題10 第5章 第2課

check □□□

秘書Ａ子の上司が理事をしている業界団体事務局から、毎年恒例の親睦会の案内が届いた。見ると、出欠の返事の締め切りが今週中になっている。上司は出張中で来週戻るが、連絡はできない。この場合、Ａ子はどのように対応すればよいか。次の中から不適当と思われるものを一つ選べ。

① 上司のスケジュールが空いていたら、（仮）として出席にしておく。
② やむをえないので、昨年の出欠を調べて、昨年と同じにして返事をしておく。
③ 事務局に上司は出張中と話し、返事をいつまで待ってもらえるか尋ねておく。
④ 親睦会はまだ先なので、上司が戻ったら返事をすると事務局に連絡しておく。
⑤ 来週すぐに上司に確認して返事をすることにして、事務局に返事を待ってもらいたいと伝える。

一般知識

問題11 第2章 第2･3課

check □□□

次は用語とその説明である。中から不適当と思われるものを一つ選べ。

① 「株主」とは、株式会社に出資している人のこと。
② 「金利」とは、株価の変動によって得られた利益のこと。
③ 「決算」とは、一定期間内の収支の最終的な計算のこと。
④ 「売掛」とは、あとで代金を受け取る約束で商品を売ること。
⑤ 「円高」とは、円の相場が、外貨の相場に対して今までより高くなること。

問題12 第2章 第2課

check □□□

次の話の中から、下線部分の用語の使い方が不適当と思われるものを一つ選べ。

① T営業所長が、来月から本社営業部長に栄転する。
② 定年退職されたF氏が、嘱託社員として再雇用される。
③ 子会社の営業強化のため、営業部員が二、三人出向になる。
④ 今度の株主総会で、販売部長が、ヘッドハンティングされて、取締役に就任する。
⑤ 来月の新製品発表会のとき、応援のため、各営業所から若手社員が派遣されてくる。

問題13 第2章 第1課

check □□□

次は用語とその意味の組み合わせである。中から不適当と思われるものを一つ選べ。

① フランク　＝　率直なこと
② デリケート　＝　繊細なこと
③ ラジカル　＝　急進的なこと
④ ポジティブ　＝　積極的なこと
⑤ フレキシブル　＝　衝撃的なこと

模擬試験問題

〈選択問題〉

マナー・接遇

問題14 **第3章 第1課**　　*check* □□□

次は秘書A子が、上司（部長）に言ったことである。中から言葉遣いが不適当と思われるものを一つ選べ。

① この書類に印鑑を押してもらいたい、ということを
「こちらの書類にご印を頂きたいのですが」
② 私が代わりに話を聞いてこようか、ということを
「私が代わりにお話を伺ってまいりましょうか」
③ この資料は、部長会議に持っていかなくてよいのか、ということを
「こちらの資料は、部長会議にお持ちしなくてよろしいのでしょうか」
④ 暇があったら見てもらえないか、ということを
「お時間がおありのようでしたら、お目通しくださいませんでしょうか」
⑤ 予約客（鈴木）が、予約時刻より早く来たことを伝えたとき
「鈴木様がお約束のお時間より早くお見えになりましたが、いかがいたしましょうか」

問題15 **第3章 第1課**　　*check* □□□

秘書A子は後輩B子から、「同僚と意見が合わなかったとき、どうすれば人間関係が悪くならないか」と尋ねられた。次はA子がアドバイスしたことである。中から不適当と思われるものを一つ選べ。

① 意見が合わなくても、自分が譲れるところは譲るとよい。
② お互い理由があるのだから、納得するまで話し合うのがよい。
③ 意見を主張しても、相手の人格を傷つけるようなことは言わないようにする。
④ 意見が合わなかったらそのままにしておいて、後日改めて話し合うのも、一つの方法である。
⑤ どちらにも利害関係のない人に意見を聞いてもらって、どちらが正しいと思うか尋ねるのがよい。

問題16 第3章 第4課

check □□□

次は秘書Ａ子が、パーティーに出席するときに心がけていることである。中から不適当と思われるものを一つ選べ。

① 出欠の返事は電話ではなく、招待状に同封の返信はがきを出している。
② 会場内には小ぶりのハンドバッグを持って入り、それ以外はクロークに預けている。
③ 特に服装の指定がない場合は、パーティーの主旨や招待されるであろう客を考えて決めている。
④ 祝儀を渡すときは、受付でふくさを開いて祝儀袋を出し、係の人に向けて両手で差し出している。
⑤ 会場の入り口でウェーターから飲み物を渡されても、主催者のあいさつが始まるまでは口をつけないようにしている。

問題17 第3章 第1課

check □□□

次は、部長秘書Ａ子の言葉遣いである。中から不適当と思われるものを一つ選べ。

① 課長に
「部長が、課長に説明してもらいたい、とおっしゃっています」
② 部長に
「先ほどご自宅から、連絡を頂きたいとのお電話がございました」
③ 常務に
「部長から、常務のご都合をお尋ねするよう申しつかってまいりました」
④ 課長に
「部長が、明日Ｋ社の田中部長様のところに伺うとおっしゃっておいででした」
⑤ 部長に
「課長が、お手隙のときにこちらの資料をご覧いただけますか、とのことでございました」

模擬試験問題

〈選択問題〉

問題18 **第3章 第4課** check □□□

秘書A子は上司の代理で、取引先担当者の告別式（仏式）に参列することになった。次は、そのときA子が行ったことである。中から不適当と思われるものを一つ選べ。

① 不祝儀袋は「御霊前」と印刷してあるものを使い、会社名と上司の役職名・氏名を書いて持参した。
② 受付で香典を出すとき、受付の人に、上司の代理で来たことと上司が来られない理由を話した。
③ 会葬者芳名録に記帳してもらいたいと言われたので、上司の名前を書きその下に（代）と書いた。
④ 顔見知りの取引先の人に会ったが、会釈だけをして焼香の順番を待った。
⑤ 帰社してから上司に報告をしたが、そのとき告別式のおおよその印象を付け加えた。

問題19 **第3章 第4課** check □□□

次は秘書A子が、お中元を贈るときに行ったことである。中から不適当と思われるものを一つ選べ。

① お中元なので、贈り先には7月初めに届くように手配した。
② 前社長の告別式に上司が参列した取引先には、今回のお中元は贈らないことにした。
③ 品物は前年と同じものでも失礼ではないと思ったので、上司に品物名を言って了解を得た。
④ 贈り先一覧表に取引が中止になった会社名があったので、上司に今回はどうするか確認した。
⑤ デパートから送ったので、品物が届くころを見計らって、贈ったことを知らせるあいさつ状を送った。

問題20 第3章 第4課

check □□□

次は秘書Ａ子が、上司がする贈り物に書いた上書きである。中から不適当と思われるものを一つ選べ。

① 友人に贈る、上司が執筆した本に、「謹呈」
② 病気で入院した恩師への見舞いに、「祈御全快」
③ 新人研修をしてもらった講師への礼に、「謝礼」
④ 取引先の会長だった人の法要の供え物に、「寸志」
⑤ 取引先の新社屋披露パーティーに持っていく祝いに、「御祝」

問題21 第3章 第3課

check □□□

秘書Ａ子は、来客（2人）と上司との面談に同席することになった。この場合、来客と上司には下の図の応接室のどの席に座ってもらい、Ａ子はどこに座るのがよいか。次の中から適当と思われるものを一つ選べ。

① 来客③① 上司④ Ａ子②
② 来客③④ 上司⑤ Ａ子①
③ 来客⑤③ 上司① Ａ子④
④ 来客③④ 上司① Ａ子②
⑤ 来客③① 上司⑤ Ａ子②

問題22 **第3章 第3課** check □□□

秘書A子の上司は黙って席を外すことが多い。社内にいるのだが、急用のときなどには困る。今も予約客が時間通りに来訪した。このような場合の来客への対応について、次の中から適当と思われるものを一つ選べ。

① 「お約束は存じているはずですが、念のためすぐに捜してまいります」と言って、応接室に案内する。
② 「ただいま席を外しておりますが、間もなく戻ってまいりますので」と言って応接室に案内し、上司が戻るのを待つ。
③ 応接室に案内し、上司が席を外していることは伝えずに「少々お待ちくださいませ」と言って、すぐに社内を捜す。
④ 「前の予定が長引いているようですので、少々お待ちいただけますか」と言って待ってもらい、上司が戻るのを待つ。
⑤ 上司が席を外していることを伝え「よくこのようなことがあって私も困っております」と言って応接室に案内し、社内を捜す。

問題23 **第3章 第2課** check □□□

次は秘書A子が、後輩に注意するときに心がけていることである。中から不適当と思われるものを一つ選べ。

① ちょっとした注意は人前でもよいが、基本的には1対1でするようにしている。
② 注意は、うわさを聞いただけでするようなことをせず、事実を確かめてからしている。
③ 悪い点を直すのが注意だから、良い人の例を具体的に出して比較し、わかりやすいようにしている。
④ 注意は、態度が悪いなどというような抽象的な言い方ではなく、なるべく具体的な言い方でしている。
⑤ 感情的になって注意すると相手も感情的になり、注意の意味がなくなることがあるので気をつけている。

技　能

問題24　第4章 第1課

check □□□

次は会議に関する用語とその説明の組み合わせである。中から不適当と思われるものを一つ選べ。

① 定足数　＝　議案可決に必要な最低人数のこと。
② 動議　＝　会議中に、予定外の議題を出すこと。
③ 採択　＝　議案や意見などを、正式に採り上げること。
④ 議決権　＝　会議に出席して、議決に参加する権利のこと。
⑤ 付議　＝　一定の機関や有識者に対し、ある問題について意見を尋ね求めること。

問題25　第4章 第3課

check □□□

秘書A子は上司から、「収入印紙を貼って渡すように」と言われて領収書を手渡された。この場合A子は、収入印紙を貼ったあと収入印紙と領収書両方にかけて印を押すことになるが、この印のことを何というか。中から適当と思われるものを一つ選べ。

① 証印
② 認印
③ 割印
④ 消印
⑤ 領収印

問題26　第4章 第2課

check □□□

次は、秘書A子が書いた文書の日付である。中から不適当と思われるものを一つ選べ。

① 年賀状の日付を、「平成24年1月元旦」と書いた。
② 取引先への暑中見舞い状に、「平成24年盛夏」と書いた。
③ 部内会議の通知状の発信日付を、「平24．11．6」と書いた。
④ 支店に出すファックス送信状の日付を、「H24．9．27」と書いた。
⑤ 創立記念パーティーの招待状の日付は、「平成24年5月吉日」と書いた。

模擬試験問題

〈選択問題〉

問題27 **第4章 第3課** check □□□

秘書A子は上司から、出しておくようにと上司が理事をしている業界団体あての返信はがきを渡された。理事会への出欠通知である。当日上司は出張のため理事会に出席できない。このような場合、欠席理由をどのように書けばよいか。次の中から不適当と思われるものを一つ選べ。

① 申し訳ございませんが、所用のため、欠席させていただきます。
② 申し訳ございませんが、出張のため、欠席させていただきます。
③ 申し訳ございませんが、時間がないため、欠席させていただきます。
④ 申し訳ございませんが、外せない仕事のため、欠席させていただきます。
⑤ 申し訳ございませんが、よんどころない仕事のため、欠席させていただきます。

問題28 **第4章 第3課** check □□□

上司が外出中、秘書A子のところに、営業部長秘書B子が上司あての書類を持って来た。封筒には「親展」の印が押してある。上司は外出中とB子に伝えたあと、A子はどのように対処すればよいか。次の中から適当と思われるものを一つ選べ。

① 書類を預かってよいか、営業部長に確認してほしいとB子に言う。
② 書類を受け取り、自分の引き出しにしまい、上司が戻ったら渡す。
③ 上司が戻り次第連絡するので、直接渡してほしいとB子に言う。
④ 受け取って、急ぎの書類かどうか開封して確かめ、上司の引き出しに入れておく。
⑤ 一応受け取ってから営業部長に連絡し、上司は外出中だが自分が預かってよいか確認する。

問題29 第4章 第2課

check □□□

次は手紙の前文で用いるあいさつの言葉である。中から不適当と思われるものを一つ選べ。

① 貴社ますますご隆盛のこととお喜び申し上げます。
② 貴会ますますご発展のこととお喜び申し上げます。
③ 貴校ますますご清祥のこととお喜び申し上げます。
④ 貴店ますますご繁栄のこととお喜び申し上げます。
⑤ 貴殿ますますご健勝のこととお喜び申し上げます。

問題30 第4章 第5課

check □□□

次は秘書A子の上司の予定表管理の仕方である。中から不適当と思われるものを一つ選べ。

① 上司の私的な予定は、自分の予定表に書いている。
② 日々予定表には、行動予定を時分単位で詳細に書いている。
③ 社内の関係先に配布するのは、日々予定表のみと決めている。
④ 月間予定表には、時分や場所などの詳細は書かずに予定名だけを記入している。
⑤ 年間行事は年間予定表に書いているが、そのとき確定していないものには「未確定」と注記している。

問題31 第4章 第3課

check □□□

次は秘書A子が、郵便物の送付に関して行っていることである。中から不適当と思われるものを一つ選べ。

① 切手を貼るときは、なるべく1枚ですむようにしている。
② ゆうメールは、ポストに入る大きさのものは、投函している。
③ 祝い状を送るときのために、常に慶祝用の切手も用意している。
④ 小切手や商品券は現金と同じ価値があるので、送るときは「現金書留」にしている。
⑤ 取引先に一斉に出す通知状などは、切手を貼る手間を省くため、料金別納郵便にしている。

記述問題　マナー・接遇

問題32　第3章 第4課

check □□□

秘書A子の上司（営業部長）は、もうすぐ60歳を迎える。そこで営業部全員で贈り物をすることになった。下図は贈る品につける紙である。次のそれぞれについて、(　　　) 内に答えなさい。

① 図の紙のことを何というか。(　　　　　　　　)
② 図の中の蝶結びのひもを何というか。(　　　　　　　)
③ 年齢がわかる上書きの言葉を書け。(　　　　　　　)
④ 贈り主名を書け。(　　　　　　　)

問題33　第3章 第1課

check □□□

秘書A子の上司が外出中、G社の前田氏が上司を訪ねてきた。A子が上司は外出中と言うと、「中の資料を見てもらって、今日中にメールで返事をもらいたい」と封筒を渡された。前田氏のメールアドレスはわかっている。このような場合、A子は外出から戻った上司に、どのように言って封筒を渡すのがよいか。その言葉を答えなさい。

記述問題　技能

問題34 第4章 第2課

check □□□

次の各文の＿＿＿部分に、その下の（　　）内の意味に該当する手紙用語を、漢字2文字で答えなさい（漢字の正確さも採点します）。

① 平素は＿＿＿のご厚情を賜り、厚く御礼申し上げます。
（特別）

② 新製品の発表会を＿＿＿により開催いたします。
（下に書き記すこと）

③ 今後とも＿＿＿のお引き立ての程、お願い申し上げます。
（前よりも程度を増すこと）

④ まずは、＿＿＿ながら書中をもってごあいさつ申し上げます。
（略式）

問題35 第4章 第2課

check □□□

次の表は、T社商品の年度別売上高構成比である。これを見やすいグラフにしなさい（定規を使わないで書いてもよい）。

	商品A	商品B	商品C
平成22年度	60%	20%	20%
平成23年度	40%	50%	10%

模擬試験問題

〈解答と解説〉

必要とされる資質

1 解答

5

上司は「電話は取り次がないように」と言って面談中。取引先の急ぎの用件とはいえ、上司の都合を確かめずに、秘書が勝手に上司に待っているように頼んでおくということは不適当。①②③のように、上司に確認してから連絡するか、④の代わりの者でもよいかという対応が適している。

2 解答

2

F氏とは面談予約がある。一般的に、用件は予約を受けるときにわかっている。面談することで、その用件の処理ができるということ。A子が用件を聞いて上司に伝えても、それだけでは意味がないので不適当。

step up➡①のように、代理を立てるときは面談相手の了承を得ましょう。

3 解答

5

M氏は3時過ぎに来訪したいと言って電話を切ったのだから、そのころ来社する。上司には3時からS部長との打ち合わせがあるので、その調整をすることがA子の仕事である。S部長だけに、中断させてもらうかもしれないと言っておいたらどうかというのでは、調整にはなっていない。

4 解答

1

このような場合は、課長に書類の必要の度合いを確かめて対処する。上司に連絡する必要があれば、秘書が連絡して確認しなければいけない。たとえ上司の外出先が支店でも、課長に直接上司に確認するようにと言うことは、秘書のすることではない。

5 解答

3

急ぎの仕事が2つ重なったときは、両方とも間に合わせる方法を考えて、上司に確認することが必要。③のように、今している仕事が明日になってもよいなら、清書は今日中にできるなどということは、何の工夫もしていないので不適当となる。

職務知識

6 解答　3

急な日にちの変更なので、出席できない人が出るのはやむをえない。秘書としては、欠席者に会議の内容を知らせることが必要となる。欠席者にはどうすればよいかと、当然しなければいけないことを上司に尋ねているので不適当。

7 解答　4

上司不在中の取材の申し込みの返事は上司に確認してからとなる。上司が戻ってから取材を受けるかどうか判断できるように、希望日時や取材内容などを秘書が尋ねておけばよい。⑤は専務が上司と直接話したいと言っているので、上司から専務へ連絡してもらうようA子が伝えることが適当。

8 解答　4

相手が友人でも、口外しないようにという指示なので話せない。ここは④のように伝えて連絡先を聞き、あとは上司の都合で対応してもらう。

step up➡「友人と名乗る」来訪者は、本当に友人かどうかは上司にしかわからないので、対応に注意しましょう。

9 解答　4

常務が電話をかけてきたのは、上司に用があってのこと。上司が不在なのでやむをえず、あとで連絡すると言ったのであろう。上司がいれば出ているはずの電話なので、報告しないことは不適当となる。

10 解答　2

上司が理事をしている業界団体の親睦会なので、一般的にはほかの予定よりは優先する。しかし、連絡はとれず上司の意向もわからないので、昨年と同じであっても、秘書が勝手に確定的な返事をしてはいけない。

step up➡①の（仮）予約は、あとで上司に確認して確定することなので、不適当にはなりません。

模擬試験問題
〈解答と解説〉

一般知識

11 解答 2

「金利」とは、金を貸したことによって得られる利益のことで、預金などのように一定の率によって支払われたもののことをいう。株価の変動で得られる利益は一定の率ということではないので、説明としては不適当。

12 解答 4

ヘッドハンティングとは、有能な人材をある会社から引き抜くなどのこと。部長がその会社の取締役に就任するときに使う言い方ではないので不適当。

13 解答 5

「フレキシブル」とは、「柔軟なこと」なので不適当。

マナー・接遇

14 解答 3

「お持ちしなくてよろしいのでしょうか」の「お持ちしなくて」が不適当。「お持ちする」は謙譲語で、これではＡ子が持って行くことになる。部長に持って行くかと聞いているので、「お持ちにならなくてよろしいのでしょうか」という言い方が適当である。「お持ちになる」は尊敬語。

15 解答 5

意見が合わなくても、しこりを残さないことが良い人間関係を保つ方法である。そのためには意見が食い違っても、そのことにはこだわらずに普段通りの付き合いをすることが必要。どちらの意見が正しいかということよりは、お互いの意見を認め合うことが大切である。

16 解答 5

会場入り口で、ジュースやお酒などを渡してくれる場合があるが、これはウェルカムドリンクといわれるもの。開会までの時間つなぎのもてなしなので、口をつけてもかまわない。

17 解答 4

「伺う」は、「行く・来る」をへりくだって言う謙譲語。この場合は、「部長が行く」ということを部下の課長に言うのだから、「伺う」は使えない。「いらっしゃる」などの尊敬表現が正しい。

step up➡敬語は、「誰に」対して「誰のこと」を言うのかを考えましょう。

18 解答 2

取引先の担当者の告別式ということは、業務上の会葬になり香典名は上司である。業務上なので、会社の人なら誰でも代理はできるということ。したがって、記帳するときに（代）と書けば、代理で来たことや、上司が来られない理由を言う必要はない。

19 解答 2

「お中元」や「お歳暮」は日ごろお世話になっているお礼として贈るもの。前社長が亡くなり告別式に上司が参列した会社でも、取引があり必要ならお礼を贈る。喪中でも年賀状とは違うので、注意が必要だ。

step up➡「お中元」「お歳暮」はお礼として贈るものなので、それに対するお礼は不要です。ただし、いただいたらすぐにお礼状を出すようにしましょう。

20 解答 4

法要の供え物には「御仏前」などが適切な上書きである。「寸志」とは、心ばかりのお礼という意味で、目下の人にお礼をする場合に使う。

模擬試験問題

〈解答と解説〉

21 解答

4

この応接室の上座は③になるので、来客のうちの上位者に③に座ってもらう。普通面談は、対面なので、③の隣の④に来客の下位者が座る。したがって、上司が①に座り、A子は補佐しやすいように、上司の隣の②に座る。

22 解答

3

上司は席を外しているが予約客があるのだから、こちらに向かっているか、近くにいるはずである。客は時間通りに来ているので、余計なことは言わずに応接室に通し、「少々お待ちくださいませ」と言って上司を捜すことが適当。

23 解答

3

注意するときは他人と比較してはいけない。注意は、その人の悪いところだけを直させればよい。ほかの人と比較するとその人の人間性にまで触れることになりかねないので不適当。

技　能

24 解答

5

「付議」とは、会議にかけることをいう。⑤の説明は「諮問《しもん》」についてなので、不適当。

25 解答

4

「消印」とは、使った証拠として押す印のこと。郵便切手はその例である。領収書は、税抜き3万円以上の場合には税金がかかり納税が必要である。領収書に収入印紙を貼って消印することで、納税したことになる。

26 解答

1

元旦とは1月1日、または1月1日の朝のこと。したがって、どちらかを書けばよい。年賀状には、「平成24年元旦」か「平成24年1月1日」と書くのがよい。

27 解答

3

このような場合の欠席理由には、出席したいができないというニュアンスが必要。時間がないというのでは、この会の理事であるのに会への関心が感じられず、失礼な言い方なので、理由としては不適当。

28 解答

2

書類は上司が外出中なのでA子が預かることになる。しかし封筒には「親展」の印が押してある。親展とは、上司自身に開封してもらいたいという意味なので、A子が中を確かめるようなことはできない。そのまましまっておいて、上司が戻ったら渡すことが適当な対処である。

29 解答

3

「ご清祥」とは、相手が健康で幸福に暮らしていることを喜ぶという意味である。⑤の「ご健勝」も同じで、個人あての手紙に使うもの。貴校などの団体あての手紙には、①②④のように、ますます繁栄していくことを祝い喜んでいるという意味の言葉を使う。

30 解答

3

社内の関係先とは、会議に出席したり、面談をするなど、上司もかかわる可能性がある仕事をしている先ということ。つまり、上司の行動を知らせる必要があるので、上司の予定は月間予定表などで、ある程度先まで知らせておくほうがよい。配付するのは日々予定表だけと決めるのは不適当。

31 解答

4

「現金書留」は現金を送るときに使うもの。小切手や商品券は現金と同じ価値があっても現金ではない。送るときは書留（一般書留）にしないといけない。

記述問題　マナー・接遇

32 解答

①懸け紙・のし紙
②水引
③還暦御祝・祝還暦
④営業部一同

33 解答

お留守中にG社の前田様から、こちらの封筒をお預かりいたしました。中の資料をご覧いただいて、本日中にメールでご返事をいただきたいとのことでした。

step up➡上司が留守の間に、G社の前田氏から封筒を預かったことをまず伝えます。そのあとで、前田氏が言った「　　」内の言葉を、上司に伝える適切な表現に変えます。前田氏を前田様とすることも忘れないように。

記述問題　技能

34 解答

①格別・多大
②下記
③倍旧・一層
④略儀

35 解答

Ｔ社商品年度別売上高構成比

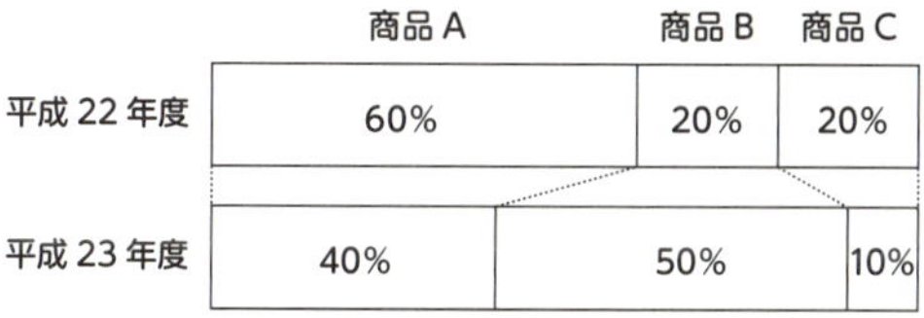

単年度のみの商品別売上高構成比なら円グラフでよいが、さらに年ごとで比較するなら帯グラフにして年度別に並べるとよい。

●著者略歴●

藤井　充子　（ふじい　みつこ）

関西学院大学文学部卒業。航空会社客室乗務員勤務を経て現在に至る。共立女子大学、明治大学、武蔵野大学、昭和女子大学、法政大学、日本女子大学、双日株式会社などで秘書技能検定対策講座ならびに、就職対策講座・面接対策講座を担当。秘書技能検定面接講座では１級、準１級も指導。2006年～2010年まで秘書技能検定準１級面接試験の審査員を務める。

●スタッフ●

デザイン　依田直子（STUDIO IGREK）・武田恭枝
解説イラスト　コヅカヒロミ
編集協力・DTP・本文デザイン　（株）エディポック

ハローキティと秘書検定２・３級テキスト&問題集

2012年 4月15日　　初版発行

著　者　　藤　井　充　子
発行者　　富　永　靖　弘
印刷所　　今家印刷株式会社

発行所　東京都台東区台東４丁目７　株式会社　新星出版社
〒110-0016　☎03(3831)0743　振替00140-1-72233
URL http://www.shin-sei.co.jp/

ISBN978-4-405-03210-1